BATMAN™ L'ENCYCLOPÉDIE ILLUSTRÉE

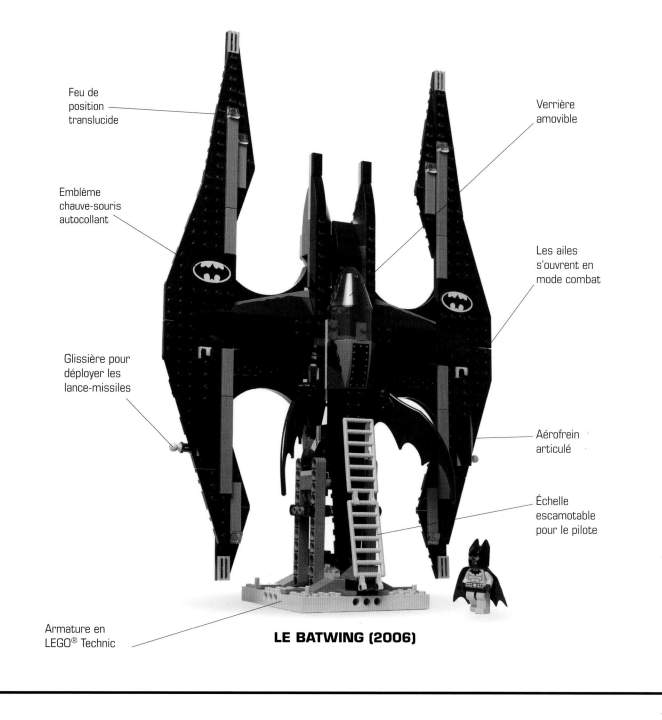

Feu de position translucide

Verrière amovible

Emblème chauve-souris autocollant

Les ailes s'ouvrent en mode combat

Glissière pour déployer les lance-missiles

Aérofrein articulé

Échelle escamotable pour le pilote

Armature en LEGO® Technic

LE BATWING (2006)

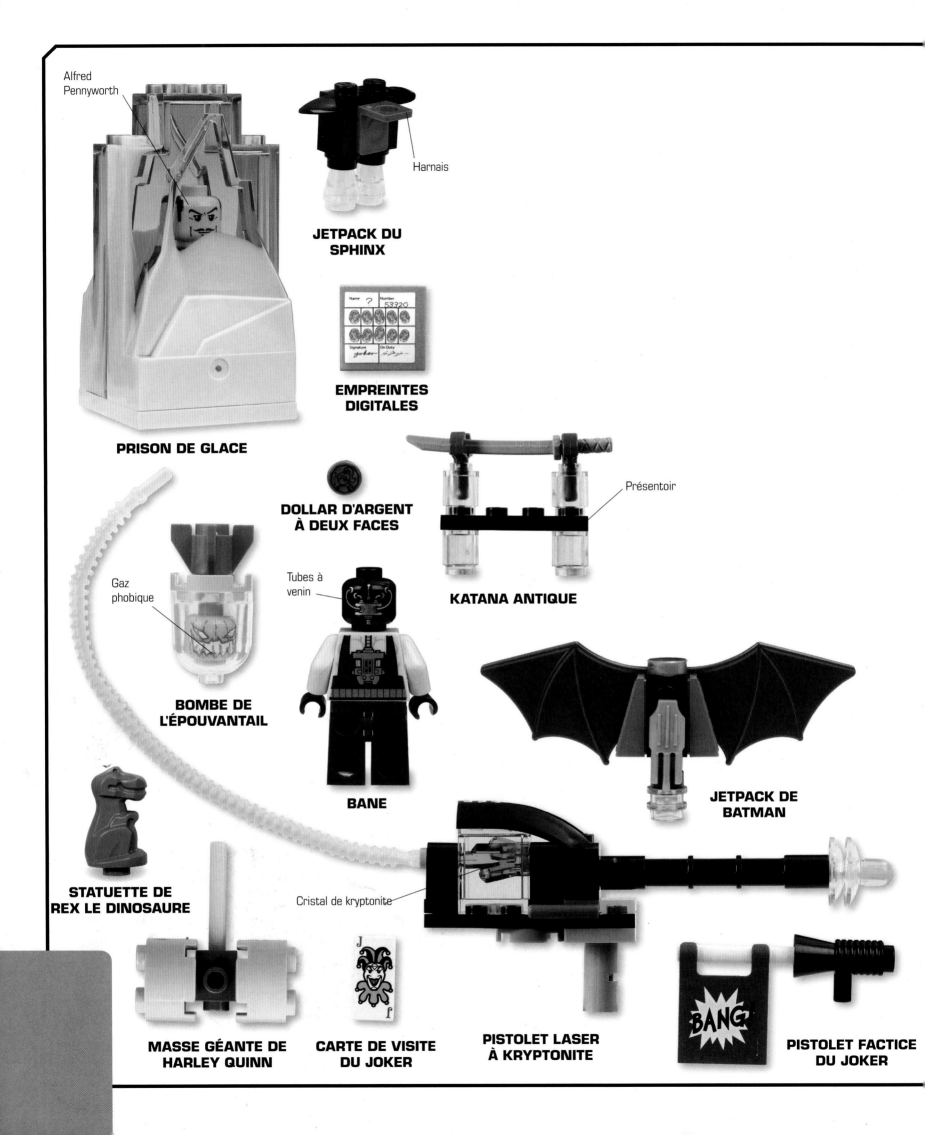

Alfred
Pennyworth

Harnais

**JETPACK DU
SPHINX**

**EMPREINTES
DIGITALES**

PRISON DE GLACE

**DOLLAR D'ARGENT
À DEUX FACES**

Présentoir

KATANA ANTIQUE

Gaz
phobique

Tubes à
venin

**BOMBE DE
L'ÉPOUVANTAIL**

BANE

**JETPACK DE
BATMAN**

**STATUETTE DE
REX LE DINOSAURE**

Cristal de kryptonite

**MASSE GÉANTE DE
HARLEY QUINN**

**CARTE DE VISITE
DU JOKER**

**PISTOLET LASER
À KRYPTONITE**

**PISTOLET FACTICE
DU JOKER**

LEGO

DC UNIVERSE™
SUPER HEROES

BATMAN™ L'ENCYCLOPÉDIE ILLUSTRÉE

Écrit par Daniel Lipkowitz

Batarang

Cape en tissu

Ceinture
à accessoires

TABLE DES MATIÈRES

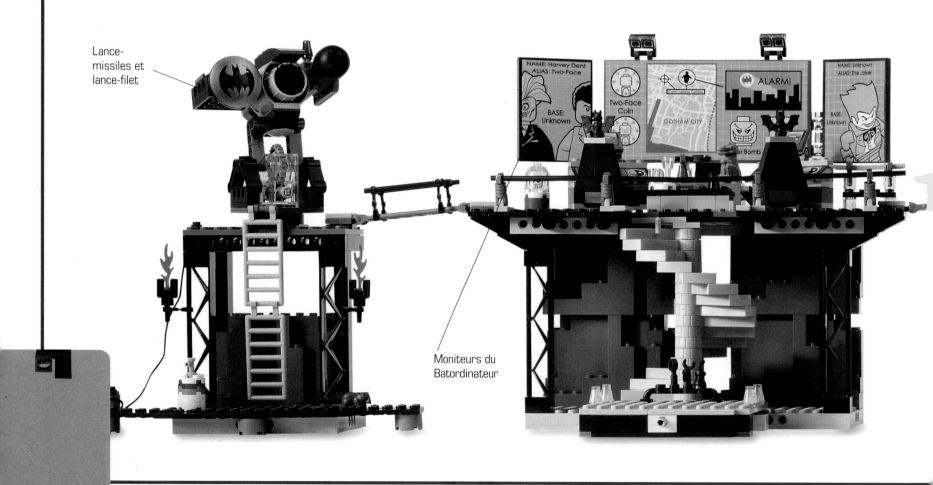

Lance-missiles et lance-filet

Moniteurs du Batordinateur

Cabine pour enfiler
la tenue de Batman

**LA BATCAVE
(2006)**

Bat-lame rotative

Banque de Gotham

BANK

Évents

INTRODUCTION

Batman, le terrifiant justicier de Gotham, a fasciné plusieurs générations au gré de ses aventures en bande dessinée, en film, en dessin animé ou en jeu vidéo. Pour créer le thème LEGO® Batman™, il fallut donc combiner les nombreux personnages de l'univers DC Comics avec des décors chargés de gadgets et de surprises cachées, sans parler des rarissimes briques LEGO noires. Pour le plus grand plaisir des collectionneurs comme des enfants, ce thème permet de construire certains des véhicules et des édifices les plus connus du monde de Batman, comme l'insaisissable Batmobile ou la Batcave secrète.

Au cours de ses trois années d'existence, cette gamme peupla Gotham-sur-Briques de héros, criminels et brigands en tous genres. Les multiples versions de Batman ne manquent jamais d'occupation !

Le lancement des LEGO Super Heroes en 2012 marqua non seulement le retour tant attendu des boîtes LEGO Batman, mais aussi l'arrivée d'autres personnages de l'univers DC Comics. Enfin, il est possible d'envoyer la Ligue de Justice déjouer les manigances de Lex Luthor, du Joker et de leurs sbires !

FICHE

Nom : Batmobile and the Two-Face chase
Année : 2012
Numéro : 6864
Éléments : 531

FICHES D'IDENTITÉ
Tout au long du livre, chaque boîte est identifiée par une fiche (à gauche) précisant son nom complet, l'année de sa première publication, son numéro LEGO et le nombre de pièces ou éléments LEGO qu'elle contient (sans compter les figurines).

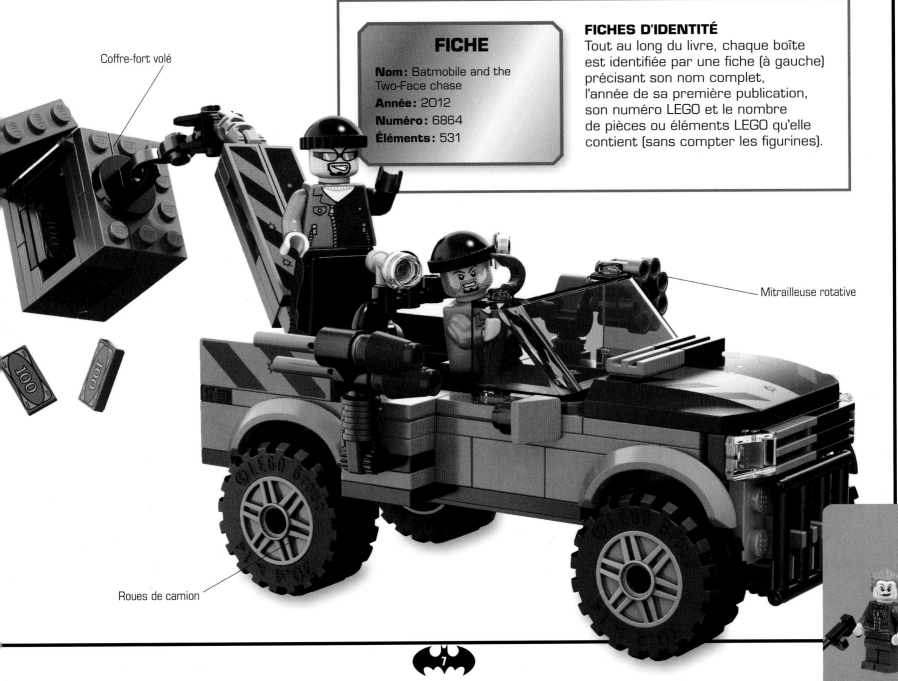

Coffre-fort volé

Mitrailleuse rotative

Roues de camion

CHRONOLOGIE

LE GROUPE LEGO proposa des boîtes LEGO® Batman™ de 2006 à 2008, coïncidant ainsi avec la sortie du film *Batman Begins*. Les modèles s'inspiraient autant des comics que du film. Et tout comme les comics, les thèmes LEGO ont évolué au fil des années. Début 2012, la gamme a fait son retour sous le nom LEGO DC Universe Super Heroes. Les nouveaux modèles et personnages qui y apparaissent font le ravissement des fans de BD, de cinéma comme de LEGO…

7779

THE BATMAN DRAGSTER : CATWOMAN PURSUIT

7780

THE BATBOAT : HUNT FOR KILLER CROC

7781

THE BATMOBILE : TWO-FACE'S ESCAPE

7782

THE BATWING: THE JOKER'S
AERIAL ASSAULT

7783

THE BATCAVE: THE PENGUIN AND
MR. FREEZE'S INVASION

7784

THE BATMOBILE: ULTIMATE
COLLECTOR'S EDITION

7785

ARKHAM ASYLUM

7786

THE BATCOPTER: THE CHASE
FOR SCARECROW

7884

BATMAN'S BUGGY: THE
ESCAPE OF MR. FREEZE

7787

THE BAT-TANK: THE RIDDLER
AND BANE'S HIDEOUT

7885

ROBIN'S SCUBA JET:
ATTACK OF THE PENGUIN

7886

THE BATCYCLE: HARLEY QUINN'S HAMMER TRUCK

7888

THE TUMBLER: THE JOKER'S ICE CREAM SURPRISE

4526

BATMAN

4527

THE JOKER

4528

GREEN LANTERN

6857

THE DYNAMIC DUO
FUNHOUSE ESCAPE

6860

THE BATCAVE

6858

CATWOMAN CATCYCLE
CITY CHASE

6862

**SUPERMAN VS.
POWER ARMOR LEX**

6863

**BATWING BATTLE OVER
GOTHAM CITY**

6864

**BATMOBILE AND THE
TWO-FACE CHASE**

30160

BAT JETSKI

30161

BATMOBILE

30164

LEX LUTHOR

LEGO® BATMAN™

PRÉVENEZ BATMAN! **De** 2006 à 2008, la première série LEGO® Batman™ dota le défenseur de Gotham City d'une véritable flotte de véhicules hyper-modernes et de tout un arsenal pour lutter contre le crime. En réaction, les malfaiteurs qu'il pourchasse se mobilisèrent en masse, sur terre, dans les airs ou sous les mers, chacun avec son style particulier. Heureusement pour les habitants de Gotham, Batman possédait une base secrète souterraine et s'était entouré de ses plus grands alliés de la bande-dessinée!

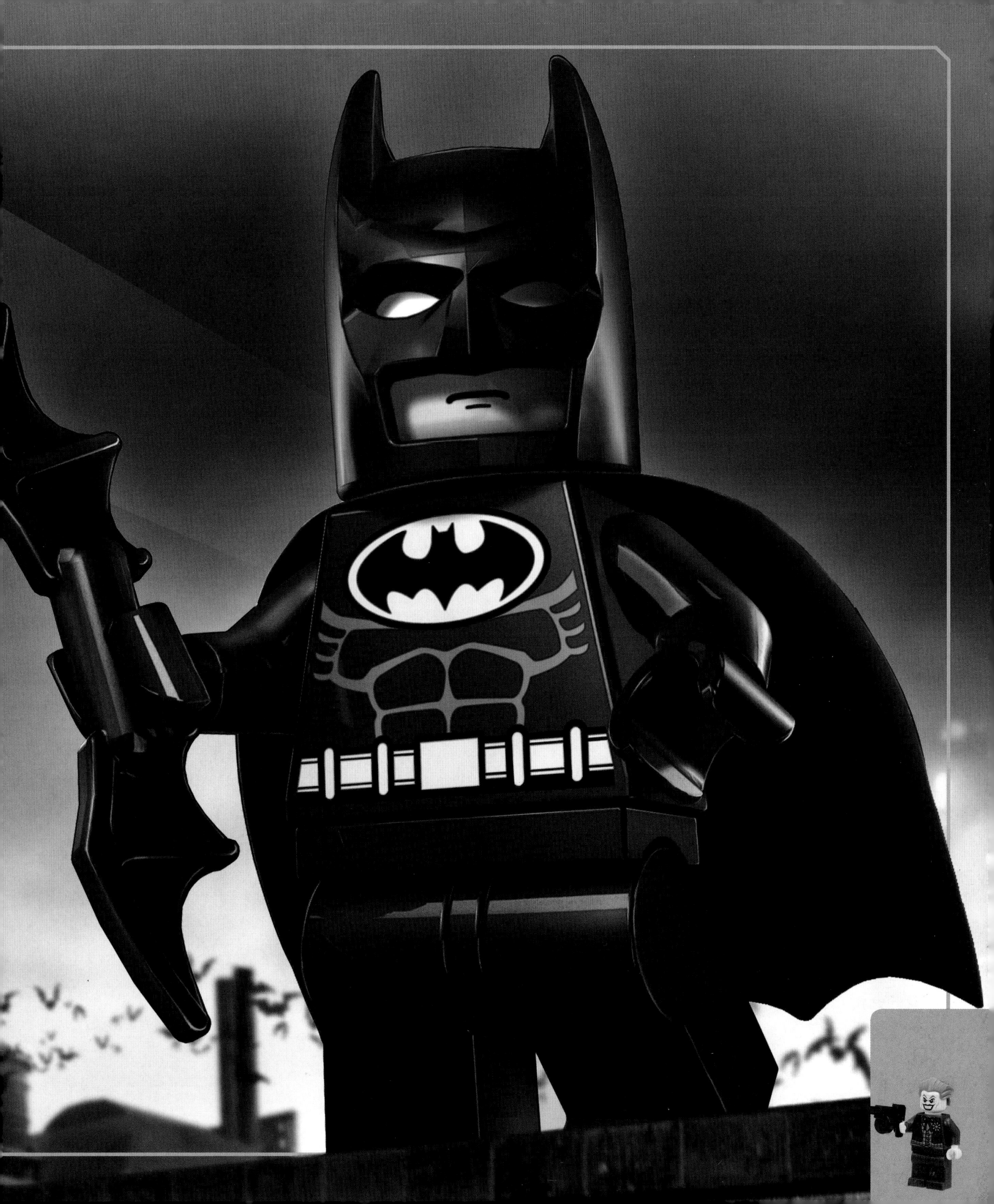

BATMAN

DEPUIS SA PREMIÈRE APPARITION EN 1939, le mystérieux « Homme chauve-souris » du *Detective Comics* #27 résout les énigmes, affronte les criminels et protège les habitants de Gotham avec un assortiment de tenues et d'accessoires, tous conçus pour terrifier les criminels. Le thème LEGO Batman s'inspire de certaines des tenues les plus connues du héros, dans ses bandes dessinées ou ses films.

Capuche amovible

Symbole stylisé sur la poitrine

Ceinture d'accessoires ultramoderne

▶ Batman (2006)

Dans son costume noir et gris classique, cette version de Batman s'inspire des bandes et dessins animés modernes. Comme toutes les figurines LEGO Batman, son visage imprimé sous le casque comporte un bandeau blanc, qui cache les yeux du détective sous sa cagoule.

La cape imite les ailes d'une chauve-souris

ALFRED
Le fidèle majordome de Bruce Wayne, aussi sage que loyal, entretient le manoir familial mais aussi la Batcave et ses véhicules – et bien sûr, il soigne Batman lui-même lorsqu'il est blessé !

Batman ne sourit pas souvent

◀ Bruce Wayne (2006)

À l'insu de tous, Batman est en fait Bruce Wayne, riche entrepreneur de Gotham et PDG de Wayne Enterprises. Peu imaginent et moins encore savent que ce play-boy décontracté consacre sa vie et sa fortune à la lutte contre le crime. Cette figurine de Bruce Wayne n'apparaît que dans la boîte 7783, La Batcave et les véhicules de Batman contre le pingouin.

Costume sur mesure

BRIQUIPÉDIA
En 2006, le court-métrage LEGO Batman: Bricks, Bats & Bad Guys de Cartoon Network invitait les spectateurs à choisir entre trois fins alternatives !

Missile à bout en caoutchouc

Phares autocollants intimidants

BATMAN (2006)
Cette tenue toute noire, avec un ovale doré autour du symbole, renvoie aux bandes dessinées de la fin des années 1990.

BATMAN (2007)
2007 vit la figurine de Batman avec la tenue gris et bleu, avec ceinture à poches et grand symbole noir, qu'il portait au début des années 2000.

BATMAN (2008)
Pour la troisième année du thème LEGO, le héros adopta un costume gris plus sombre, avec un gilet blindé articulé.

Ailerons en forme d'ailes de chauve-souris

Verrière blindée amovible

Symbole

Flammes d'échappement

◀ La Batmobile (2006)

Le véhicule le plus connu de Batman reste sa Batmobile, avec laquelle il sillonne les rues de Gotham et se rend là où il faut combattre le crime. Des deux Batmobiles proposées la première année du thème, celle-ci est la seule assez grande pour accueillir un conducteur. Elle possède un missile à tir unique à l'avant, et un coffre articulé à l'arrière.

ÉQUIPEMENT
Batman a inventé tout un arsenal de gadgets, outils et armes pour l'aider dans ses missions. Voici les plus importants que le Batman LEGO utilise au quotidien !

BATARANG

MENOTTES

BATARANG ROTATIF

FICHE
Nom : The Batmobile: Two-Face's Escape
Année : 2006
Numéro : 7781
Éléments : 386

Jantes dorées

LA BATMOBILE : ÉDITION COLLECTOR ULTIME

LES BANDES dessinées, la télévision et les films ont présenté bien des apparences pour la célèbre Batmobile, tout comme les différentes boîtes LEGO où elle figurait. Mais elle n'a jamais été aussi grosse ni détaillée que la Batmobile : Édition Collector Ultime en 2006, qui comportait pas moins de 1 000 pièces, pour une longueur totale de 42 cm !

DONNÉES

Nom : The Batmobile: Ultimate Collector's Edition
Année : 2006
Numéro : 7784
Pièces : 1045
Dimensions :
Longueur 42,5 cm
Largeur 19 cm
Hauteur 22 cm
Figurines : Aucune

Châssis supérieur aérodynamique

Bélier en forme de chauve-souris

Moteur à turbines

Châssis blindé renforcé

Pièces jaunes translucides pour les phares

Entrée d'air

Point de fixation du capot

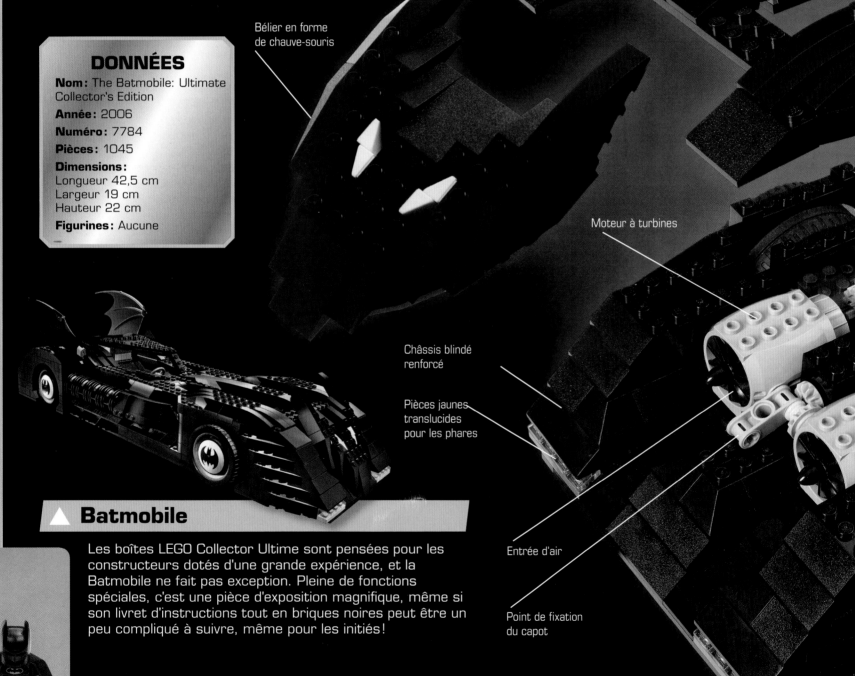

▲ Batmobile

Les boîtes LEGO Collector Ultime sont pensées pour les constructeurs dotés d'une grande expérience, et la Batmobile ne fait pas exception. Pleine de fonctions spéciales, c'est une pièce d'exposition magnifique, même si son livret d'instructions tout en briques noires peut être un peu compliqué à suivre, même pour les initiés!

Le modèle est
construit sans
vitres

Aileron de
stabilisation
arrière

Flamme
d'échappement

Rouages de
rotation
de la flamme

Feux de position

**LA BATMOBILE
BOÎTE 7784**

Siège de pilotage
ergonomique

Colonne de
contrôle du bélier

Le volant tourne et
hisse le bélier/bouclier

▼ Moteur

Pour simuler la vitesse
étourdissante de la
Batmobile, des flammes LEGO
orange translucides sont
fixées aux tuyères à l'arrière.
Comme les turbines à l'avant,
elles tournent quand la
Batmobile avance, grâce à
un ingénieux système interne
de rouages et autres
éléments LEGO® Technic
relié aux roues... mais vu
de l'extérieur, c'est
simplement très cool !

Blindage latéral

Rouages du
moteur

Emblèmes de
chauve-souris noir
et or sur les jantes

Pneus en kevlar

LA BATCAVE

LES CAVERNES sous le manoir Wayne abritent le QG secret de Batman. Équipé du dernier cri en matière de matériel de lutte contre le crime, ce repaire abrite aussi les véhicules de Batman, ses dossiers, ses trophées et sa salle d'entraînement. Bienvenue dans la Batcave!

DONNÉES

Nom: The Batcave: The Penguin and Mr. Freeze's Invasion
Année: 2006
Numéro: 7783
Éléments: 1071

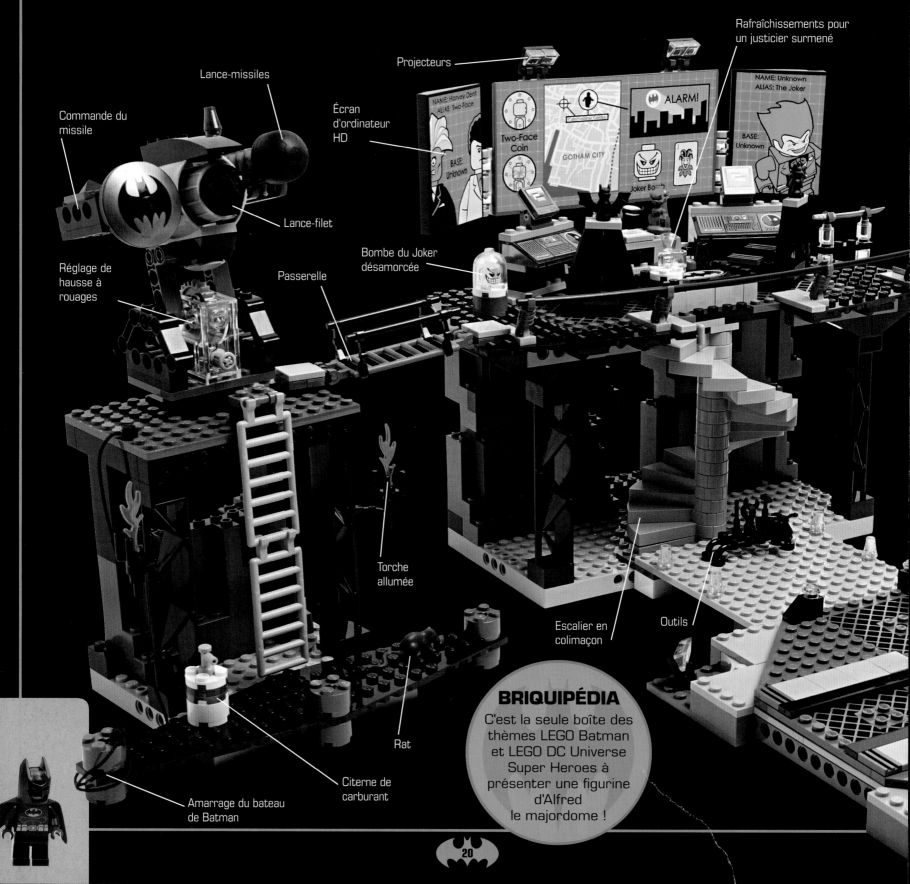

Commande du missile

Lance-missiles

Projecteurs

Rafraîchissements pour un justicier surmené

Écran d'ordinateur HD

NAME: Harvey Dent
ALIAS: Two-Face

Two-Face Coin

BASE: Unknown

GOTHAM CITY

ALARM!

Joker Bomb

NAME: Unknown
ALIAS: The Joker

BASE: Unknown

Lance-filet

Réglage de hausse à rouages

Passerelle

Bombe du Joker désamorcée

Torche allumée

Escalier en colimaçon

Outils

Rat

Citerne de carburant

Amarrage du bateau de Batman

BRIQUIPÉDIA

C'est la seule boîte des thèmes LEGO Batman et LEGO DC Universe Super Heroes à présenter une figurine d'Alfred le majordome!

20

Le monde de Batman

La première boîte de la Batcave est prévue pour s'articuler avec tout l'univers LEGO Batman. Elle comporte sa propre histoire, avec l'assaut du Pingouin et de Mr. Freeze, mais ses éléments peuvent aussi interagir avec d'autres modèles du thème, comme le bateau qui peut s'amarrer, ou l'atelier de réparation pour la Batblade et la Batmobile.

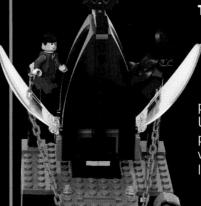

TRANSFORMATION ÉCLAIR

Placez la figurine de Bruce Wayne dans la nacelle, retournez-la et c'est Batman qui en sort, prêt à l'aventure. Une trappe secrète permet d'envoyer les visiteurs importuns dans la cellule en contrebas.

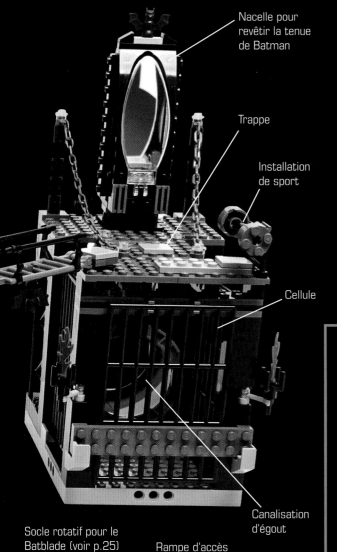

Nacelle pour revêtir la tenue de Batman

Trappe

Installation de sport

Cellule

Canalisation d'égout

Socle rotatif pour le Batblade (voir p.25)

Rampe d'accès

Contrôle de la plaque rotative

Système de sécurité

Peu de criminels connaissent même l'existence de la Batcave, mais Batman pense à tout : il a équipé son QG d'une tourelle défensive. En cas d'attaque, il pourra repérer les intrus avec son projecteur, et les attaquer avec un missile à ressort, ou les capturer avec un filet.

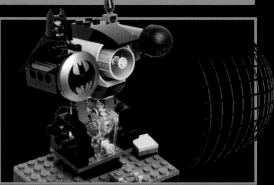

Cristal énergétique de Mr. Freeze

Zone d'analyse des empreintes digitales

Statue de dinosaure

Centre de communication

Katana antique

La table abrite une cache d'armes

Alfred

Le Batphone

Centre de contrôle

En haut de l'escalier en colimaçon, Batman utilise son matériel à la pointe du progrès pour analyser les indices. Cette partie vitale contient tout le nécessaire pour que Batman puisse traduire en justice les criminels de Gotham : des preuves, des fauteuils confortables et un plateau de rafraîchissements

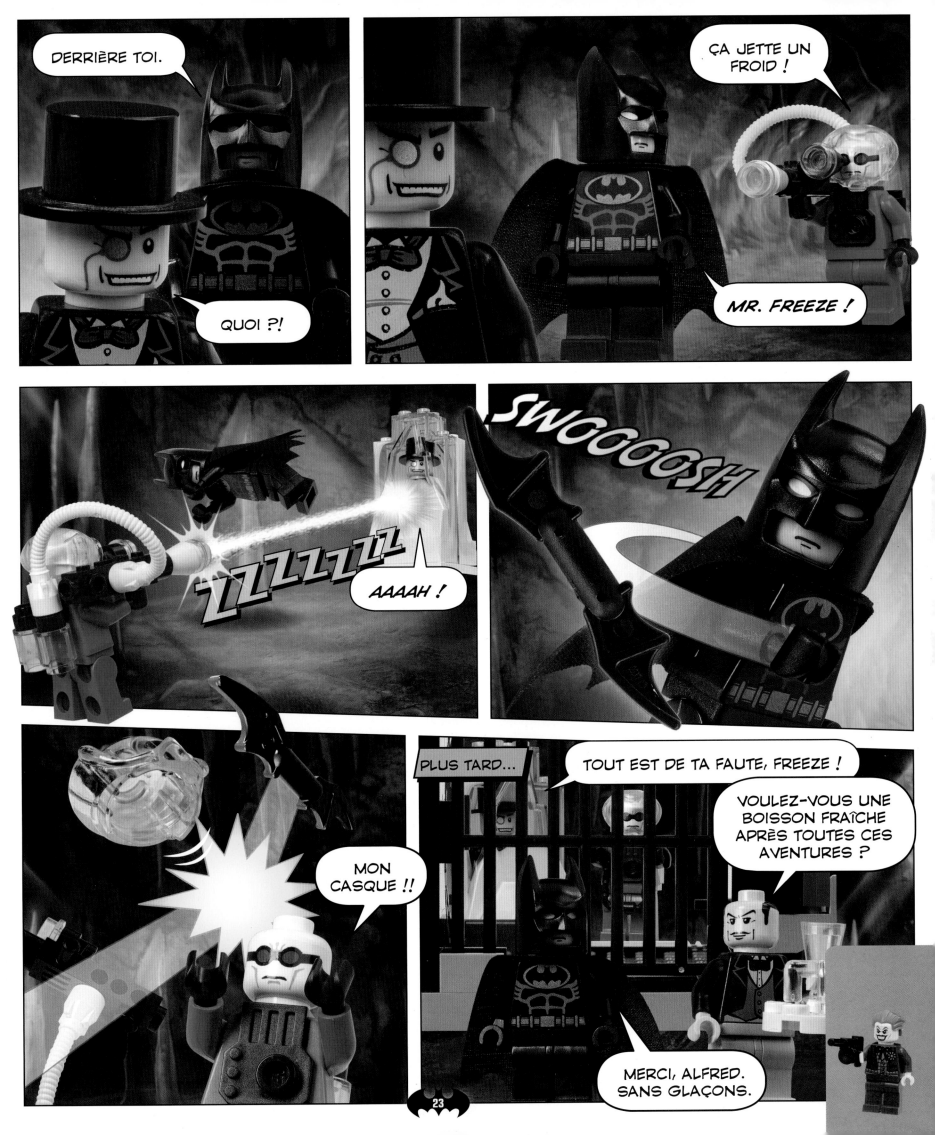

BAT-BLINDÉS

LES MÉCHANTS ne sont pas toujours fair-play. Face aux bombes à ressort du Joker, au gaz de l'Épouvantail ou aux lance-roquettes des bandits, Batman a besoin de véhicules qui le protègeront de tous les dangers. Voici quelques-uns de ses véhicules les plus résistants, construits spécialement pour défoncer les portes, abattre les barricades et écraser tous les obstacles !

▼ Bat-Tank

Quand l'intelligence du Sphinx s'allie à la force brute de Bane, Batman saute dans son char puissant pour arrêter les deux criminels. Alliant une silhouette racée et une immense puissance, cette création originale LEGO possède des chenilles immenses, assemblées maillon par maillon.
Et elles sont vraiment fonctionnelles !

Missiles

Missile automatique caché

Chenilles fonctionnelles

Détail de blindage autocollant

Avant lisse

Flancs renforcés pour protéger les éléments des chenilles

Forward-pointing spikes

DONNÉES

Nom : The Bat-Tank:
The Riddler and Bane's Hideout
Année : 2007
Numéro : 7787
Éléments : 645

MISSILES
Les deux missiles jaunes se lancent d'une pichenette. Celui du milieu, doté d'une tête en caoutchouc, tire automatiquement quand on lève le lance-missiles.

24

▼ Batblade

Autre véhicule original créé pour la gamme LEGO Batman, la Batblade est un véhicule arctique, conçu pour survoler les surfaces gelées et défoncer des murs de glace – conception intéressante quand on habite dans la même ville qu'un criminel baptisé Mr. Freeze. On ne le trouve que dans la Batcave (boîte 7783), proposée en 2006.

Canons rotatifs construits avec des jumelles LEGO

Nez pointu avec lance-flammes

Patins, pour glisser sur la glace

DONNÉES

Nom : The Batcave: The Penguin and Mr. Freeze's Invasion
Année : 2006
Numéro : 7783
Éléments : 1071

BRIQUIPÉDIA
Les patins de la Batblade furent à l'origine créés comme outils pour le héros Kopaka Nuva du thème BIONICLE®.

▼ Batmobile

Seule boîte LEGO Batman inspirée exclusivement d'un véhicule de film, cette version de la Batmobile apparaît pour la première fois en 2005 dans le film Batman Begins. Sa version LEGO capture sa masse blindée et ses angles antiradar, mais ajoute des roquettes sur les flancs et un lance-missiles caché à l'arrière.

COCKPIT
Sous le toit articulé, le spacieux cockpit de la Batmobile possède deux places, un panneau de contrôle, un volant et un ordinateur embarqué pour aider Batman à prendre l'avantage contre les criminels de Gotham.

Aileron arrière ajustable pour aider au freinage

Avant blindé pour défoncer les béhicules ennemis

DONNÉES

Nom : The Tumbler: Joker's Ice Cream Surprise
Année : 2008
Numéro : 7888
Éléments : 449

Grosses roues pour franchir aisément les obstacles

Roquette à pichenette modifiée

Blindage furtif anguleux

Canons automatiques

VÉHICULES RAPIDES

UNE FORCE ÉCRASANTE et un blindage à toute épreuve ne sont pas toujours la réponse la plus appropriée à la situation. Parfois, il est plus important de se rendre à destination aussi vite qu'il est humainement possible, pour protéger les innocents et capturer les coupables. C'est pourquoi Batman garde dans sa Batcave des véhicules à réaction que personne ou presque ne peut rattraper.

▼ Dragster

Inspiré des véhicules utilisés pour les records du monde, Batman utilise cette voiture à trois roues uniques pour des pointes de vitesse étourdissantes sur de longues lignes droites. Elle reste pourtant bien armée : le Dragster possède non seulement deux missiles à pichenette, mais aussi un canon laser rotatif à huit fûts.

DIRECTION
Contrairement à la plupart des dragsters, conçus pour rouler en ligne droite, le Dragster LEGO Batman utilise une plaque rotative LEGO pour que sa roue avant puisse pivoter et ainsi prendre des virages serrés à haute vitesse.

Missile à pichenette

Cockpit du pilote

Long capot pointu

Grosses roues motrices

VUE ARRIÈRE
De dos, on comprend mieux d'où vient la vitesse du Dragster de Batman : il possède un énorme moteur interne, avec deux réacteurs hérissés de flammes. Au moins, Batman ne doit pas avoir froid derrière son volant !

Plaques blindées pour protéger la roue

Entrées d'air

DONNÉES
Nom : The Batman Dragster: Catwoman Pursuit
Année : 2006
Numéro : 7779
Éléments : 92

► Véhicule tout-terrain

Batman utilise ce 4x4 rapide lorsqu'il poursuit le glaçant Mr. Freeze. Petit mais costaud, il laisse un sillage de flammes depuis ses quatre tuyères d'échappement !

Aileron stabilisateur central

Flamme construite avec une épée de feu LEGO® BIONICLE

DONNÉES

Nom : Batman's Buggy: The Escape of Mr. Freeze

Année : 2008

Numéro : 7884

Éléments : 76

Pneus rainurés pour une adhérence parfaite

Lance-harpon pivotant

Pneus lisses pour la vitesse

Échappements inclinés

◄ Bat-moto (2008)

Quand Harley Quinn succombe à ses frénésies criminelles à bord de son camion à marteau géant, Batman file pour l'intercepter à bord de sa moto turbo, décorée d'un symbole proche de celui des films. Cette puissante moto est dotée d'une construction solide et incisive, grâce à une pièce LEGO Technic en angle, des pneus doublés pour assurer la stabilité et deux missiles à pichenette, au cas où Harley parviendrait à semer notre justicier.

Ailes constituées d'éléments de dragon

Symbole

DONNÉES

Nom : The Batcycle : Harley Quinn's Hammer Truck

Année : 2008

Numéro : 7886

Éléments : 267

Canon laser rotatif

Poutre LEGO Technic

Ce pneu double assure l'équilibre de la moto

BRIQUIPÉDIA

Le Bat-moto s'inspire directement de celle du film de 2008 *The Dark Knight*. Dans le film, elle est constituée de l'avant de la Batmobile blindée !

ASSAUT AÉRIEN ET AQUATIQUE

LES BANDITS ET LES CRIMINELS se cachent parfois aux endroits les plus inattendus, mais Batman est toujours prêt à les retrouver, où qu'ils soient. De son hors-bord au Batwing à réaction, le justicier a construit toute une flottille de véhicules qui lui permettent de régner sur les eaux et dans les airs de Gotham. Et partout où le crime se cache !

▼ Batwing (2006)

Batman a piloté plusieurs types d'avion au fil des ans, mais peu ont été aussi cool que ce Batwing en forme de chauve-souris. Construit pour affronter l'hélicoptère du Joker, il est hérissé d'armes secrètes, comme des lance-missiles doubles coulissants et un lance-missiles secret qui peut se déployer pour le combat ou s'escamoter sous le fuselage pour permettre le vol supersonique.

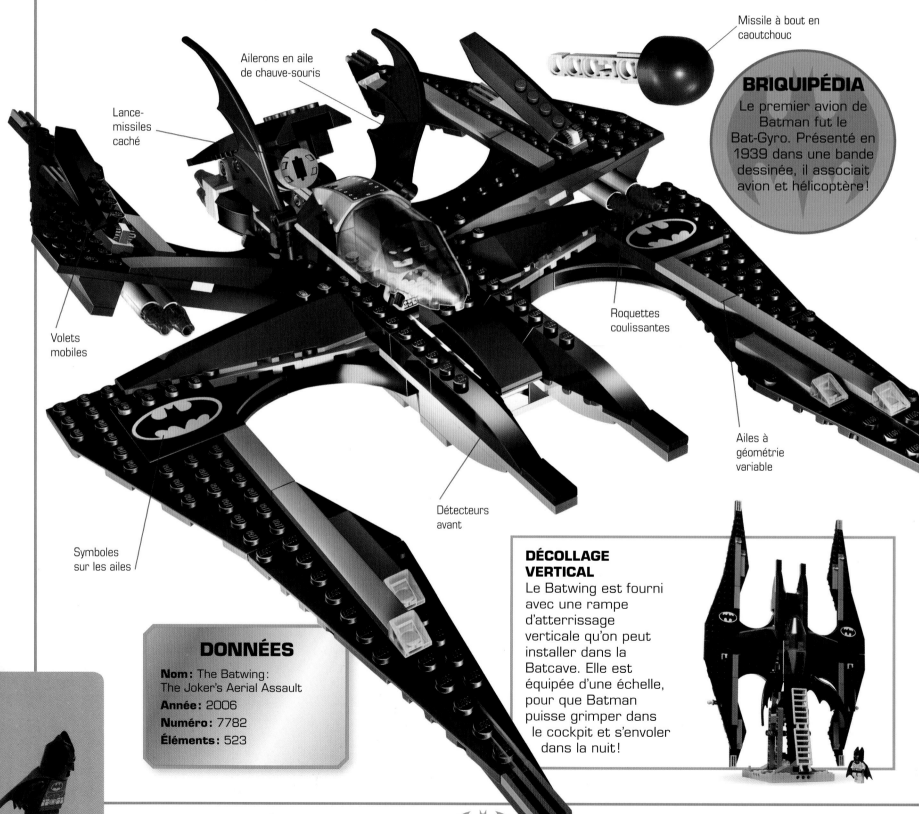

Ailerons en aile de chauve-souris

Lance-missiles caché

Missile à bout en caoutchouc

Volets mobiles

Roquettes coulissantes

Symboles sur les ailes

Ailes à géométrie variable

Détecteurs avant

BRIQUIPÉDIA

Le premier avion de Batman fut le Bat-Gyro. Présenté en 1939 dans une bande dessinée, il associait avion et hélicoptère !

DÉCOLLAGE VERTICAL

Le Batwing est fourni avec une rampe d'atterrissage verticale qu'on peut installer dans la Batcave. Elle est équipée d'une échelle, pour que Batman puisse grimper dans le cockpit et s'envoler dans la nuit !

DONNÉES

Nom: The Batwing: The Joker's Aerial Assault
Année: 2006
Numéro: 7782
Éléments: 523

DONNÉES

Nom: The Batcopter:
The Chase for Scarecrow
Année: 2007
Numéro: 7786
Éléments: 293

Rotor à trois pales

Roquettes à
pichenette

Missile

Canons
rotatifs

▲ Bat-Coptère

L'ultramoderne Bat-coptère semble bien
assez rapide pour l'antique biplan de
l'Épouvantail (voir p.39), mais Batman est
toujours prêt à tout. Cet hélicoptère
moderne a des armes à la pointe du
progrès, comme un missile, deux
roquettes à pichenette et deux canons
lasers rotatifs sous les senseurs à l'avant.

▶ Bat-Planeur

Quand les détenus de l'Asile d'Arkham s'évadent,
Batman doit arriver rapidement, grâce à ce petit
deltaplane furtif. Ses ailes sont articulées,
et sa « queue » s'abaisse pour se fixer
au toit de l'asile.

« Oreilles de
chauve-souris »

Ailes
articulées

Contrôles

DONNÉES

Nom: Arkham Asylum
Année: 2006
Numéro: 7785
Éléments: 860

▶ Bat-Eau

Quand Croc sème la destruction dans les marais
de Gotham, Batman utilise son hydroglisseur
pour faire tomber les plans du criminel à l'eau.
Les deux turbines de son embarcation sont
liées et tournent ensemble, ce qui le rend
très maniable.

Turbines
jumelées

Hélices
rotatives

Verrière

Canons
à eau

HORS-BORD
Si son hydroglisseur est
endommagé, Batman peut
s'échapper grâce au hors-bord
logé entre les deux turbines.
On peut aussi y fixer le
jet-ski de Croc (p.36)
lorsqu'il faut ramener
ce criminel écailleux
à l'asile!

DONNÉES

Nom: The Batboat: Hunt
for Killer Croc
Année: 2006
Numéro: 7780
Éléments: 188

Jupe

Projecteurs
pour repérer
le danger

ROBIN

IL EST le plus connu des partenaires de Batman contre le crime. Avec son uniforme chamarré et son sourire joyeux, Robin est un contrepoint jovial à la personnalité sombre de Batman. Plusieurs adolescents ont endossé la cape de Robin au fil des années, mais toutes les versions LEGO représentent Tim Drake, le troisième Robin. Sans lui, Batman serait parfois bien seul!

BRIQUIPÉDIA

Robin doit-il son nom à Robin des Bois, ou au rouge-gorge, qui se dit « robin » en anglais? Cela dépend des scénaristes!

COIFFURE 2008
La seule différence entre les variantes 2006 et 2008 de la figurine est cette nouvelle coiffure LEGO!

▼ Le sous-marin de Robin

Robin est le seul héros de cette boîte, qui oppose son sous-marin personnel au dernier submersible du Pingouin dans un duel dans les profondeurs. Tout comme les véhicules et l'équipement de Batman portent les couleurs et l'emblème de son uniforme, ceux de Robin reprennent son costume rouge, vert et jaune.

DONNÉES

Nom: Robin's scuba jet: Attack of the Penguin
Année: 2008
Numéro: 7885
Éléments: 207

Symbole de Robin

Aileron aérodynamique

Hélice

Verrière amovible

Canon sous-marin

Moteur à turbine

Robin (2006)

Tim Drake démontra ses talents de détective en déduisant l'identité secrète de Batman, prouvant ainsi qu'il était digne de devenir le nouveau Robin. Sa figurine LEGO reprend son premier costume, le plus célèbre : la première tenue de Robin à comporter un pantalon et non un short. Robin figure dans deux boîtes LEGO Batman, en 2006 et en 2008.

Canon pivotant

Manche à balai

Cheveux ondulés

Gilet renforcé

Profil rapide

Ailerons ajustables

Pointes d'abordage

Le jet-ski de Robin

C'est peut-être le plus petit des véhicules de la grande Batcave (2006), mais le jet-ski de Robin reste le plus coloré du lot. Le jeune justicier affronte à nouveau le Pingouin et un de ses sous-marins. Les deux ennemis sont une fois de plus sur le point de se voler dans les plumes !

DONNÉES

Set Name: The Batcave : The Penguin and Mr. Freeze's

Année : 2006

Numéro : 7783

Éléments : 1071

Matraques de combat

Flammes d'échappement

Nightwing

Emblème de Nightwing

DONNÉES

Nom : Arkham Asylum

Année : 2006

Numéro : 7785

Éléments : 860

Blindage sombre

NIGHTWING

Dick Grayson fut le premier Robin dans les comics DC, un acrobate de cirque qui s'alliait à la lutte de Batman contre le crime. Une fois adulte, il prit son indépendance sous le nom de Nightwing. Il ne cessa pas pour autant d'aider Batman chaque fois que c'était nécessaire. Sa figurine porte une de ses tenues les plus modernes, très loin de son premier costume, avec un col "pelle à tarte" très disco.

Pistolet
factice

Fleur à jet
d'acide

LE JOKER

APRÈS SA CHUTE dans une cuve de produits chimiques, un brigand à la petite semaine vit sa peau blanchir et son visage s'arquer en un sourire permanent. Son esprit, lui, adopta une perspective résolument unique.
Sous le nom de Joker, ce Clown du Crime s'embarqua sur une vie criminelle où tous ses plans et gadgets ont un thème humoristique… même s'ils ne font rire que le Joker lui-même !

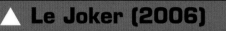

▲ Le Joker (2006)

La figurine du Joker porte un costume violet avec un gilet orange et une cravate verte. Sa tête est en plastique blanc, avec des cheveux pointus verts.
Il fut pour la première fois proposé à la Comic-Con de San Diego en 2005, dans une boîte parlante (qui comprenait aussi une figurine Batman) limitée à 250 exemplaires, pour annoncer la parution imminente de la gamme LEGO Batman.

DONNÉES

Nom : The Tumbler: Joker's Ice Cream Surprise
Année : 2008
Numéro : 7888
Éléments : 449

Cette glace géante lance un missile dissimulé

LA FRIANDISE QUI TUE

Quelle est donc la surprise qui se cache dans le camion du Joker ? Abaissez le cornet de glace géant, et un missile caché décolle par les portes arrières !

Le haut-parleur annonce l'arrivée du vendeur de glaces

Plaque minéralogique « I SCREAM » qui fait beaucoup rire le Joker

Moteur bricolé pour pouvoir s'enfuir en vitesse

Logo « Les glaces de Tonton Joker »

Réservoir de venin du Joker

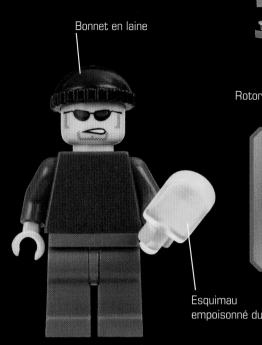

Bonnet en laine

Rotor

DONNÉES

Nom: The Batwing: The Joker's Aerial Assault

Année: 2006

Numéro: 7782

Éléments: 523

Esquimau
empoisonné du Joker

Le projecteur
largue l'échelle

▲ Malfrat (2006)

Tous les criminels de Gotham n'ont pas des super-pouvoirs. Pour chaque Épouvantail ou Pingouin, il y a des dizaines de petits bandits prêts à vendre leurs services aux méchants, pour s'en mettre plein les poches. Cette figurine fait partie du lot: un homme de main en pull violet qui aide le Joker avec ses plans insensés.

▲ L'Héli-Joker (2006)

Le Joker se balance au bout de l'échelle de corde au-dessus des toits de Gotham. Décoré de la tête de ce clown fou, l'hélicoptère possède un levier pour larguer des bombes hilarantes. Quand les missiles du Batwing percutent le projecteur monté près du cockpit, l'échelle se décroche, et le Joker tombe enfin entre les mains de la justice.

Échelle construite
en cordes LEGO
reliées par des
bras de robot

Le pistolet du Joker
est fait à partir d'un
mégaphone

BRIQUIPÉDIA

Les concepteurs LEGO ont essayé de nombreux cheveux pour le Joker avant de choisir ceux d'un vampire LEGO® Studios!

◀ Camion à glaces

Une fois de plus, le Joker sème le chaos dans Gotham! Cette fois, il a imaginé un plan machiavélique pour faire sourire les habitants de la ville (de gré ou de force) en leur vendant des glaces aromatisées à son Venin hilarant. son camion est couvert d'autocollants uniques, et possède une arme inattendue pour se défendre si jamais Batman vient à le poursuivre.

**BOMBE
HILARANTE**

**CARTE À
JOUER**

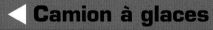

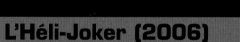

LE PINGOUIN

OSWALD COBBLEPOT est l'un des plus anciens et plus étranges ennemis de Batman. Toujours habillé sur son trente-et-un, il se présente comme un citoyen exemplaire de Gotham tout en préparant en secret des cambriolages avec sa combinaison unique de parapluies spéciaux et de gadgets aviaires. Heureusement, Batman est toujours prêt à arrêter le « Gentleman du Crime » pour remettre ce drôle d'oiseau dans sa cage !

Parapluie spécial (il peut cacher un parachute, un pistolet ou n'importe quoi d'autre !)

Smoking élégant

◄ Oiseaux de malheur

D'autres criminels emploient des hommes de main humains, mais le Pingouin préfère des pingouins apprivoisés pour l'aider dans ses méfaits. Présents dans les deux boîtes du Pingouin, ces oiseaux armés de pistolets (ou parfois de harpons) sont constitués de huit pièces LEGO noires, blanches, jaunes, et une rouge.

▲ Le Pingouin

La figurine du Pingouin porte son habituel smoking avec un nœud papillon violet, auquel il ajoute monocle, gants blancs et haut de forme amovible. Toujours complexé par sa petite taille, le Pingouin ne serait pas surpris par sa figurine : ses demi-jambes fixes en font un petit criminel. Il porte un parapluie spécial, composé d'une barre et d'une antenne radar.

La pince tient la crosse de l'arme

ACCÈS FACILE
Les flancs du sous-marin s'ouvrent pour permettre au Pingouin de piloter l'appareil en plongée. L'intérieur comporte l'écran du périscope, un cadran et un gouvernail.

Hélice

Armement de grande taille

DONNÉES

Nom: The Batcave: The Penguin and Mr. Freeze's Invasion

Année: 2006

Numéro: 7783

Éléments: 1071

Périscope orientable

Tubes à torpilles

► Le sous-marin du Pingouin – U98

C'est par une rivière souterraine que les véhicules aquatiques de Batman rejoignent la Batcave. Le Pingouin voit là une manière parfaite de lancer sa propre attaque surprise en submersible ! Le premier sous-marin du Pingouin reprend l'apparence d'un vrai Pingouin en plongée, avec bec, nageoires et mêmes des pieds articulés à l'arrière comme gouvernail.

U98

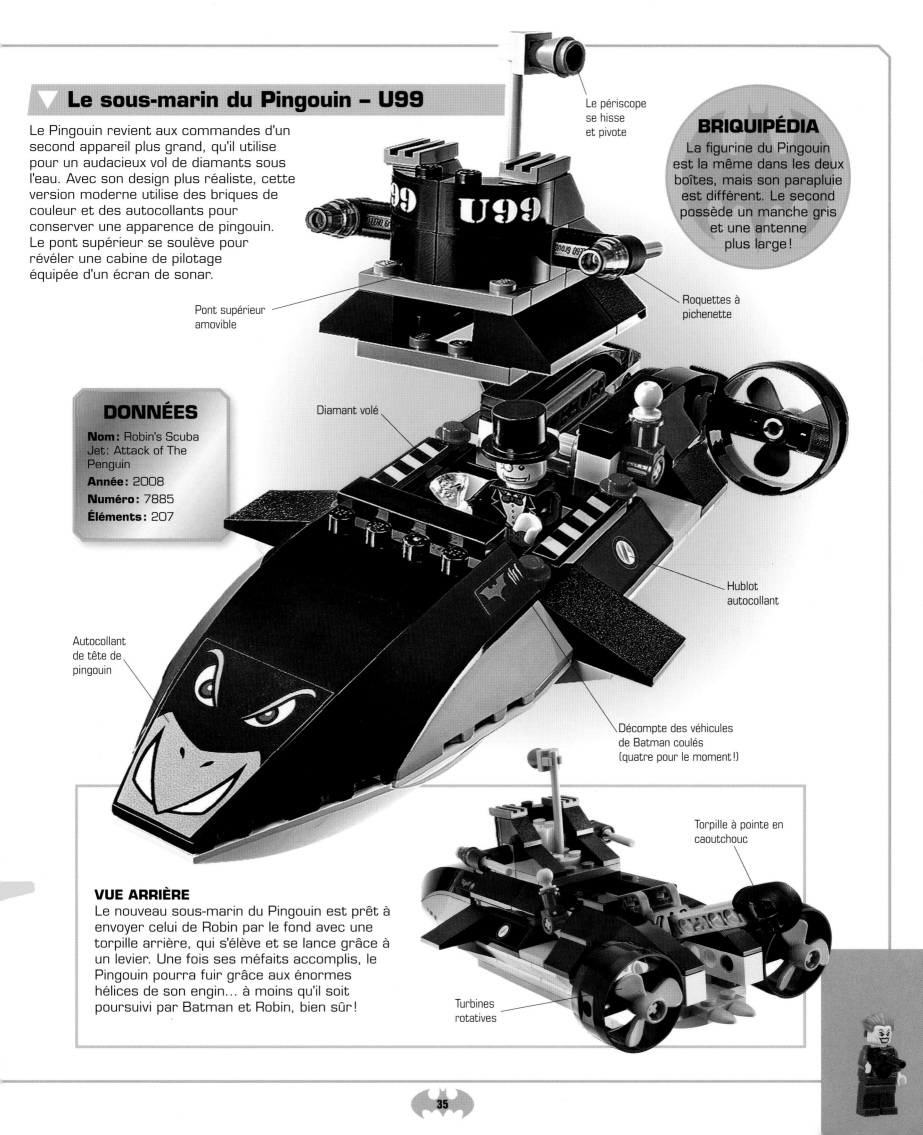

Le sous-marin du Pingouin – U99

Le Pingouin revient aux commandes d'un second appareil plus grand, qu'il utilise pour un audacieux vol de diamants sous l'eau. Avec son design plus réaliste, cette version moderne utilise des briques de couleur et des autocollants pour conserver une apparence de pingouin. Le pont supérieur se soulève pour révéler une cabine de pilotage équipée d'un écran de sonar.

Le périscope se hisse et pivote

Roquettes à pichenette

Pont supérieur amovible

DONNÉES

Nom: Robin's Scuba Jet: Attack of The Penguin
Année: 2008
Numéro: 7885
Éléments: 207

Diamant volé

Hublot autocollant

Autocollant de tête de pingouin

Décompte des véhicules de Batman coulés (quatre pour le moment!)

VUE ARRIÈRE

Le nouveau sous-marin du Pingouin est prêt à envoyer celui de Robin par le fond avec une torpille arrière, qui s'élève et se lance grâce à un levier. Une fois ses méfaits accomplis, le Pingouin pourra fuir grâce aux énormes hélices de son engin... à moins qu'il soit poursuivi par Batman et Robin, bien sûr!

Torpille à pointe en caoutchouc

Turbines rotatives

CATWOMAN & KILLER CROC

SELINA KYLE, alias Catwoman, est un personnage complexe. Avec son penchant pour les beaux bijoux obtenus illégalement et les chats depuis ses débuts dans les années 1940, cette femme fatale a été tour à tour ennemie et intime de Batman. Une chose est sûre : avec elle, on ne sait jamais à quoi s'attendre !

La flamme montre la vitesse de sa moto

Yeux de chat autocollants

DONNÉES

Nom : The Batman Dragster : Catwoman Pursuit
Année : 2006
Numéro : 7779
Éléments : 245

Carénage violet

▲ La moto de Catwoman (2006)

Comme les costumes de chat de sa figurine, Catwoman utilise le motif félin pour ses véhicules. Cette moto à réaction avec laquelle elle tente de semer Batman dans les rues de Gotham possède des rétroviseurs en forme d'oreilles de chat, et des yeux de chat jaunes autocollants. Il est certain que Batman aura du mal à la rattraper !

▼ Catwoman (2006)

La première figurine de Catwoman lui faisait endosser son costume le plus récent : une combinaison noire discrète qui lui permettait de se faufiler sans peine partout où elle veut. Son fidèle fouet lui permet de se déplacer dans Gotham et de faire tomber tous ceux qui voudraient l'arrêter, que ce soient des héros ou des criminels.

Son masque cache la vraie identité de Catwoman

BRIQUIPÉDIA

La moto de Catwoman est dotée d'une carrosserie rare - le violet étant traditionnellement une de ses couleurs préférées !

Fouet noir, adapté d'une liane LEGO

Hélice

Motifs de camouflage marécageux

▶ Killer Croc

Crocs de prédateur

Peau verte écailleuse

Yeux reptiliens rouges

Tête de crocodile imprimée

Missiles à pichenette

DONNÉES

Nom : The Batboat : Hunt for Killer Croc
Année : 2006
Numéro : 7780
Éléments : 188

Killer Croc (Waylon Jones de son vrai nom) a subi bien des métamorphoses. À sa première apparition, il n'avait qu'une maladie de peau, mais à présent, il possède l'apparence, la force et la férocité d'un vrai reptile – et sa figurine a un hors-bord à fond plat pour filer dans le marécage.

HARLEY QUINN

LE DOCTEUR Harleen Quinzel était autrefois psychiâtre à l'asile d'Arkham – jusqu'à ce qu'elle rencontre le Joker. Amoureuse de son « Mister J », elle l'aida à s'échapper et à commettre ses terribles crimes, sous l'identité fantasque d'Harley Quinn. Malgré ses actes répréhensibles, Harley n'est pas vraiment méchante : elle ne comprend pas pourquoi personne d'autre ne la trouve drôle !

Masse spéciale pour écraser les chauves-souris justicières importunes

TOURNEBOULÉE

Le marteau de Harley est contrôlé par un bouton à tourner à l'arrière du camion, juste au-dessus d'un message personnel à l'intention de son clown chéri.

Moteur personnalisé

▶ Le camion-marteau

L'énorme 4x4 de Harley est conçu pour causer le plus de ravages possible. Ses roues géantes écrasent les petits obstacles (comme les voitures de la police de Gotham), et deux missiles à pichenette à l'arrière éliminent les objets plus imposants. Mais le plus dévastateur reste son marteau géant, qui oscille d'un côté à l'autre pour détruire les véhicules de Batman.

Pneus énormes

▼ Harley Quinn (2006)

Costume façon dessin animé, avec fraise imprimée

REVOLVER

MISSILES

MASSE

CAISSE DE BIJOUX

Avec son sourire canaille et son marteau immense, la première figurine de Harley Quinn portait son célèbre costume bicolore du dessin animé *Batman*. Appréciée des fans, son arrivée après deux ans de LEGO Batman fut très bien accueillie.

DONNÉES

Nom : The Batcycle : Harley Quinn's Hammer Truck
Année : 2008
Numéro : 7886
Éléments : 188

Le casque l'isole de la chaleur extérieure

Les lunettes protègent ses yeux sensibles

MR. FREEZE

LE DR. VICTOR FRIES était un simple scientifique jusqu'à ce qu'un accident abaisse définitivement la température de son corps et le force à porter une combinaison spéciale. Il utilise à présent une technologie cryogénique spéciale pour commettre des crimes sous le nom de Mr. Freeze. Batman risque bien plus que des engelures quand il affronte ce criminel au cœur froid !

Rayon glaçant pour geler ses victimes

Plastron de contrôle de sa tenue thermique, qu'on n'avait plus vu chez LEGO depuis 1991

BRIQUIPÉDIA

Le casque de Mr. Freeze fit son apparition dans le thème LEGO® Space Insectoids en 1998, mais c'était la première fois qu'il apparaissait dans cette couleur.

ENNEMIS AU FRAIS
La Batcave de 2006 comporte aussi deux blocs de glace transparents qui forment une prison de glace pour une figurine malchanceuse.

▲ Mr. Freeze

La figurine de Mr. Freeze apparaît pour la première fois dans la Batcave (boîte 7783). Il porte un grand rayon cryogénique avec un tube branché dans son sac à dos. Seule sa tête possède une décoration spéciale : son torse est d'un bleu uni sous son plastron amovible.

Diamant catalytique

Câble d'alimentation

DONNÉES

Nom: Batman's Buggy: The Escape of Mr. Freeze
Année: 2008
Numéro: 7884
Éléments: 76

Bonnet en laine

L'ESCROC QUI VENAIT DU FROID
Il doit être glaçant de servir Mr. Freeze! Son séide possède le même torse que lui, un bas gris et le même visage que d'autres crapules LEGO.

Ce bandit aime les grosses armes !

Roues lisses pour filer sur la glace

Effet de rayon de glace bicolore

▲ Bolide arctique

Aussi appelé Kart de Mr. Freeze dans le jeu vidéo LEGO *Batman*, ce petit véhicule permet à Mr. Freeze de semer Batman avec les diamants volés nécessaires à son rayon de glace. La figurine de Mr. Freeze inclue est identique à la première version, mais son canon cryogénique est différent.

L'ÉPOUVANTAIL

MAIS POURQUOI tous ces docteurs deviennent-ils criminels ? Le professeur en psychologie Jonathan Crane était fasciné par l'effet de la peur. Il décida alors de se déguiser un terrible épouvantail et d'utiliser du gaz terrifiant pour donner des hallucinations à ses ennemis. L'Épouvantail n'a lui-même peur que d'une chose : se faire capturer par Batman et renvoyer à l'Asile d'Arkham !

LARGUEZ !

Abaissez le levier et l'avion de l'Épouvantail largue deux bombes à gaz terrifiant. Chacune contient une tête de figurine décorée comme une tête de citrouille à la bouche incandescente !

Gaz effrayant

Levier de largage des bombes

DONNÉES

Nom : The Batcopter: The Chase for Scarecrow
Année : 2007
Numéro : 7786
Éléments : 293

Le Biplan de l'Épouvantail

L'Épouvantail a volé et personnalisé un avion d'épandage pour répandre du gaz terrifiant sur toute la ville. Le véhicule est peut-être dépassé, mais il faudra à Batman tout son équipement de pointe pour nettoyer la ville après cette bataille ! Le biplan de l'Épouvantail est marron pour s'assortir à son pilote, et permet de fixer sa faux et ses pistolets, une hélice rotative et un mécanisme de largage de bombes.

Masque d'épouvantail sur l'aileron

Pistolet braqué vers l'arrière

Hélice

Mitrailleuse

Chapeau noir pointu

Tête

Masque d'épouvantail sinistre

Tenue faite de haillons cousus ensemble

L'Épouvantail

FAUX

BOMBE À GAZ TERRIFIANT

Le torse de la figurine de l'Épouvantail comporte des coutures, une corde en guise de ceinture et le bas élimé de son masque. Son chapeau fut à l'origine créé pour les sorcières et magiciens de LEGO® Castle. Sa caractéristique la plus inhabituelle reste sa tête phosphorescente ! L'Épouvantail apparaissait aussi dans l'Asile d'Arkham de 2006 Arkham Asylum avec la même apparence mais avec une autre faux.

BANE

BATMAN N'A PEUT-ÊTRE pas une force surhumaine, mais certains de ses adversaires sont bien plus coriaces que des criminels de bas étage. Il doit entraîner son corps autant que son esprit pour affronter un bulldozer comme Bane. Voilà un personnage qu'on n'aimerait vraiment pas croiser dans une ruelle sombre!

Projecteur orientable

Mitrailleuse télécommandée

La chaîne « verrouille » la grille

« Interdit aux chauves-souris »

STAY OUT!

▲ Repaire de Bane et du Sphinx

Bane s'est allié au Sphinx pour semer le trouble dans Gotham depuis le repaire fortifié. Avec leurs réserves d'explosifs, de produits chimiques et de faux billets, ils ont tout le nécessaire pour arriver à leurs fins. Heureusement que Batman a amené son tank pour les ramener derrière les barreaux! C'est sans doute le seul véhicule qui puisse résister à Bane!

FAUX BILLETS

DÉTONATEUR

DANGER

PRODUIT TOXIQUE

DYNAMITE

▶ Bane (2007)

Ne vous laissez pas tromper par l'apparence brutale de Bane, c'est l'un des adversaires de Batman les plus intelligents. Et sous l'effet de son Venin qui le rend plus fort, c'est aussi l'un des plus puissants! La première figurine de Bane porte beaucoup de détails: muscles saillants et cicatrices à foison sous sa tenue bleue, sans oublier son masque noir aux yeux rouges.

Ceinture argentée

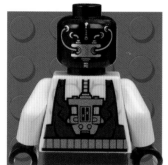

LE DOS DE BANE
Le dos de Bane aussi est imprimé, pour représenter sa réserve de Venin qui alimente son masque en permanence.

▼ La moto de Bane

Bane assure la sécurité de l'imprimerie du Sphinx sur un trike lourdement armé: un canon lourd latéral, et quelques roquettes. Espérons pour Batman que le blindage de son tank sera à la hauteur!

Alimentation énergétique

Pneus tout-terrain

Canon rotatif

DONNÉES

Nom: The Bat-Tank: The Riddler and Bane's Hideout

Année: 2007

Numéro: 7787

Éléments: 645

DOUBLE-FACE

LE DESTIN TRAGIQUE de ce criminel doublement dangereux commence avec le procureur général Harvey Dent. À moitié défiguré par de l'acide, il devint le malfaisant Double-Face, à la personnalité scindée. Il prend aujourd'hui toutes ses décisions à pile ou face, pour savoir s'il sera gentil ou méchant. Mais la méchanceté l'emporte souvent !

Coiffure unique, réservée aux figurines de Double-Face

Moitié « bonne » Harvey Dent

Moitié « Mauvaise » Double-Face

Costume sur mesure

▶ Double-Face (2006)

Comment faire une figurine de personnage qui a l'air divisé en deux ? On lui donne une jambe noire, un bras noir, une main grise, et une coiffure tout à fait inédite. Il possède un visage au motif asymétrique, et un costume à motif bicolore imprimé devant et derrière. Le style vestimentaire de cette première figurine fut inspiré par l'apparence du personnage dans le dessin animé *Batman*.

PERSONNEL
L'homme de main de Double-Face porte une tenue bicolore comme son employeur. Double-Face fait tout par deux, alors ce criminel doit être deux fois plus méchant que les autres !

▼ Fourgon de Double-Face

Ce véhicule a tout l'air d'un fourgon ordinaire de Gotham, mais l'une des pièces de son logo est griffée, et il est bicolore. Il comporte aussi des canons jumelés dans ses flancs. Quand le missile de la Batmobile percute l'arrière, le toit est projeté en l'air !

GC BANK

Blindage autocollant sur le pare-brise

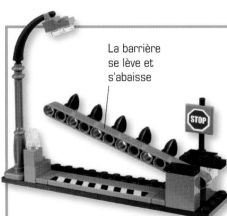

La barrière se lève et s'abaisse

STOP

Ce panneau inclinable cache deux canons

POINTES ROUTIÈRES
Si ce barrage n'arrête pas Double-Face, la barre cloutée de Batman lui crèvera peut-être les pneus !

DONNÉES
Nom : The Batmobile : Two-Face's Escape
Année : 2006
Numéro : 7781
Éléments : 386

Deux phares de chaque côté

L'ASILE D'ARKHAM

UNE FOIS le méchant capturé, que peut-on en faire ?
La plupart des cerveaux criminels de Gotham sont un peu
trop désaxés pour une prison ordinaire. Au lieu de cela,
ils sont enfermés à l'Asile d'Arkham, un hôpital de haute
sécurité sinistre et gothique où l'on espère que les
docteurs et psychiatres pourront en faire des citoyens
productifs. Malheureusement pour Batman, ils s'évadent
régulièrement et causent toujours plus de méfaits !

▼ Le Sphinx (2006)

Edward Nigma aime les
énigmes et les jeux de
mots. Sous le nom de
Sphinx, il laisse toujours
de complexes indices à
Batman pour que le
justicier puisse déjouer
ses plans. La première
figurine du Sphinx porte
son costume vert
traditionnel avec le point
d'interrogation.

▼ Entre ces murs

Personne n'a jamais dit qu'Arkham était un endroit
amusant, et encore moins accueillant. Il faut
reconnaître que cet équipement censé soigner les
pensionnaires est très impressionnant.
Pas étonnant que les détenus cherchent en
permanence un moyen de s'évader !

▼ Poison Ivy (2006)

Pamela Isley a toujours
préféré les végétaux
aux humains.
Cette botaniste géniale
utilise son savoir en
hybridation et toxines
végétales pour le crime,
ce qui en fait un des
adversaires les plus
redoutables de
Batman.
Même le costume
de sa figurine de
2006 est composé
de plantes !

BRIQUIPÉDIA

On trouve dans l'Asile
d'Arkham des portes
étiquetées « Pingouin »
et « Mr Freeze », alors
que ces figurines sont
absentes !

Antenne
satellite

Salle
d'équipement
des gardes

Une caméra de
sécurité surveille
le porche

Arkham Asylum

Le sol de la cellule
du Sphinx montre
tout son amour
pour les énigmes

Moto de
Nightwing

42

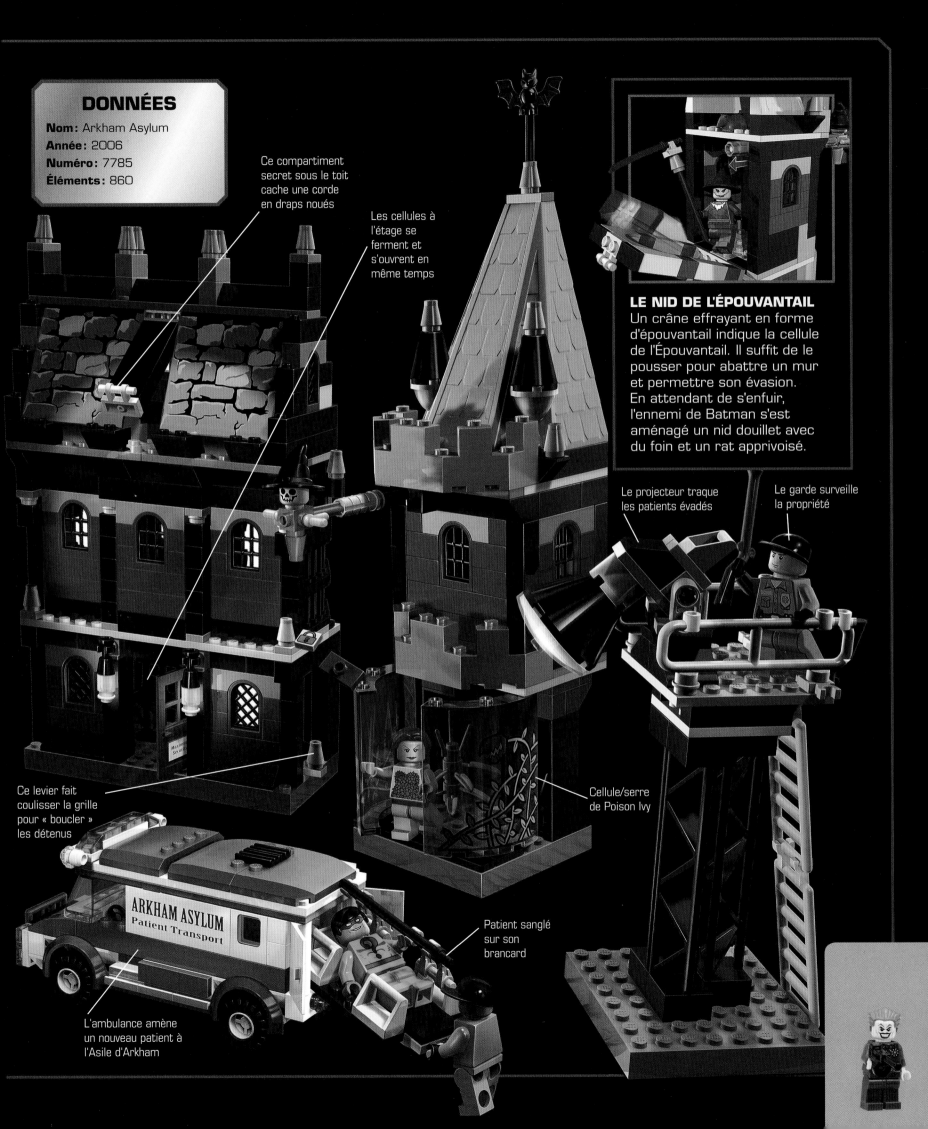

DONNÉES

Nom : Arkham Asylum
Année : 2006
Numéro : 7785
Éléments : 860

Ce compartiment secret sous le toit cache une corde en draps noués

Les cellules à l'étage se ferment et s'ouvrent en même temps

LE NID DE L'ÉPOUVANTAIL

Un crâne effrayant en forme d'épouvantail indique la cellule de l'Épouvantail. Il suffit de le pousser pour abattre un mur et permettre son évasion. En attendant de s'enfuir, l'ennemi de Batman s'est aménagé un nid douillet avec du foin et un rat apprivoisé.

Le projecteur traque les patients évadés

Le garde surveille la propriété

Ce levier fait coulisser la grille pour « boucler » les détenus

Cellule/serre de Poison Ivy

Patient sanglé sur son brancard

ARKHAM ASYLUM
Patient Transport

L'ambulance amène un nouveau patient à l'Asile d'Arkham

LEGO® DC SUPER HEROES

LES SUPER-HÉROS unissent leurs forces! Quand Batman a fait son retour dans le monde des LEGO® en 2012, il a ramené des amis. En plus des nouvelles versions de la Batcave et de la Batmobile, on vit apparaître une foule d'alliés et d'ennemis réimaginés, et les toutes premières boîtes LEGO figurant des superhéros d'autres coins de l'Univers DC. Superman, Wonder Woman et un Green Lantern disponible uniquement en convention allaient former le noyau dur d'une puissante Ligue de Justice en figurines capable de terrifier même Lex Luthor dans son exosquelette à la Kryptonite!

BATMAN (2012)

LE NOUVEAU THÈME LEGO® DC Universe Super Heroes englobe à présent tous l'univers DC Comics, mais Batman reste la vedette. De toutes les boîtes LEGO proposées la première année, une seule ne mettait pas le justicier en vedette. Après tout, personne n'a autant d'équipement, de véhicules et d'environnements à construire que Batman !

Le sillage translucide sert aussi de socle

Fusée dorsale

▶ Le Jetpack de Batman

Quand la mission exige d'être rapide plutôt qu'imposant, Batman enfile son réacteur dorsal et ses ailes pour décoller. Avec un nouvel élément plastique pour remplacer sa cape, et une fusée attachée dans le dos, Batman est prêt à rattraper Catwoman pour restituer les bijoux volés.

Ailes en plastique

Batarang

DISTRIBUTION

La première figurine Batman de la nouvelle gamme est cette édition limitée, inspirée du film, qui fut distribuée aux heureux fans du stand LEGO à la Comic-Con de San Diego en 2011.

▶ Bruce Wayne (2012)

Tout comme en 2006, l'alter ego de Batman, Bruce Wayne, n'est disponible que dans une grande boîte Batcave. Vêtu d'un costume bleu clair et arborant une expression plus sévère que l'original, Bruce a l'air plus que disposé à enfiler son costume de justicier pour lutter contre le crime.

▼ Costumes (2012)

Le thème principal comprend deux nouvelles variantes de la tenue de Batman : une tenue bleu et gris inspirée des comics des années 1960 – 1990, et une version noire semblable à celle qui fit son apparition en 1995. toutes deux ont un masque amovible, et la même tête réversible.

LE RETOUR DE ROBIN

Tim Drake adopta son costume rouge et noir en hommage à Superboy. Sa tête réversible de 2012 exprime l'inquiétude ou l'assurance.

Ailerons en aile
de chauve-souris

Nom: Batmobile and the
Two-Face Chase

Année: 2012

Numéro: 6864

Éléments: 531

Flammes

Échappements

Verrière
ouvrante

Éléments
argentés

EXCLUSIVITÉ

Uniquement
proposé avec
l'édition principale
de *LEGO Batman:
l'Encyclopédie
illustrée*, cette
figurine de Batman
porte la tenue spéciale
qui l'aide à résoudre
les énigmes dans le jeu
vidéo LEGO *Batman 2*.

Batmobile (2012)

Bien que les détails diffèrent du modèle de
2006, la Batmobile 2012 reste aussitôt
reconnaissable. Elle utilise nombre d'éléments
qui n'existaient pas à l'époque du premier
modèle, comme les échappements latéraux,
les échappements en biais derrière le cockpit
et même les deux flammes à l'arrière.

DONNÉES

Nom: Batmobile

Année: 2012

Numéro: 30161

Éléments: 45

Verrière teintée

Roues de
voiture de course

MINI-MOBILE

Présentée dans un sac promotionnel, cette Batmobile
micro-échelle est bien trop petite pour accueillir un
pilote. Elle est construite avec une poignée de pièces
triées sur le volet pour rendre les courbes épurées et la
finition lisse des modèles de taille plus imposante.

Emblème
autocollant

Phares jaunes
transparents

BAT-VÉHICULES

LA GAMME LEGO DC Super Heroes propose plusieurs modèles déjà connus des amateurs de LEGO Batman. Mais, comme le justicier, ils ont été totalement refondus, pour offrir de nouvelles expériences de construction et de jeu. Autre taille, autres détails et surprises cachées, ces véhicules high-tech sont les nouveaux outils grâce auxquels Batman affronte le crime !

Batwing (2012)

Plus petit et maniable que son prédécesseur de 2006, le nouveau Batwing conserve la forme d'origine et les ailes à géométrie variables qui dissimulent des armes. Cette fois, il s'agit de deux missiles antiaériens à pichenette bleus, conçus pour éliminer le Joker-coptère.

Aileron flexible

La moitié arrière de l'aile peut se relever

Symbole autocollant

Missiles à pichenette sous les ailes

BRIQUIPÉDIA

Les ailes de la mini Batbombe sont faites avec la lame d'une hache de figurine !

Batman en tenue noire

Feux de position

VUE AVANT

BATBOMBE
Une soute à l'arrière du Batwing révèle un bouton. Une pression largue la Batbombe à tête chercheuse !

DONNÉES

Nom : Batwing : Battle over Gotham City
Année : 2012
Numéro : 6863
Éléments : 278

VUE ARRIÈRE

48

Bat-moto (I)

Guidon réglable

Pot d'échappement

Un justicier bien équipé a toujours un plan B. Dans les LEGO DC Super Heroes, Batman peut choisir entre deux motos : celle de la Fête foraine macabre, est assortie à l'uniforme bleu et gris de Batman, et est construite tout en angles, avec des ailerons sur les pots d'échappement à l'arrière...

DONNÉES

Nom : The Dynamic Duo Funhouse Escape
Année : 2012
Numéro : 6857
Éléments : 380

Ces deux pneus font la même taille

Bat-moto (II)

...tandis que celle de la Batcave est plus ronde, plus sombre, et comporte deux missiles à pichenette et un carénage aérodynamique à l'avant, pour protéger le moteur.

DONNÉES

Nom : The Batcave
Année : 2012
Boîte : 6860
Éléments : 690

Missile

MODE POURSUITE
Les ailes du Batwing se referment pour prendre un profil plus fin en cas de poursuite.

Pneu avant moins large

Phares

DONNÉES

Nom : Bat Jetski
Année : 2012
Numéro : 30160
Éléments : 40

Ailerons mobiles

Bat Jetski

Comme la mini-Batmobile, ce petit bateau permettant de patrouiller dans le port de Gotham est un modèle promotionnel. Contrairement au véhicule à micro-échelle, le Bat Jetski est à l'échelle figurine, puisqu'il contient un Batman avec sa nouvelle capuche.

Canons à eau

BATCAVE II

QUI DIT NOUVEAU THÈME dit nouvelle Batcave. La version 2012 de cette base souterraine est un peu plus petite que son ancêtre, mais elle est très modernisée : portes coulissantes pour les véhicules, et une fonction de bascule qui transforme Bruce Wayne en Batman. On trouve aussi de nouveaux éléments jaunes et bleus qui rendent le tout un peu plus vivant. On dirait qu'Alfred a refait la décoration !

Désolé, Robin, cette fois, il n'y a pas de siège pour toi devant le Batordinateur. La toute nouvelle version de cet outil informatique possède trois écrans transparents avec clavier incliné, un fauteuil pivotant et une tasse de café pour ne pas s'endormir pendant les enquêtes !

Ces hauts projecteurs illuminent le centre de contrôle

Les tourelles de défense rotatives tirent des missiles à pichenette

ALERT!

INTRUDER ALERT!

SYSTEM STATUS

Fauteuil pivotant

BRIQUIPÉDIA

La base de Batman est construite dans une caverne. Des plaques et pentes LEGO grises donnent un aspect de pierre aux pieds du modèle.

Paroi de pierre

Échelle d'accès au niveau inférieur

La Batmobile passe entre les portes coulissantes

DONNÉES

Nom: The Batcave
Année: 2012
Numéro: 6860
Éléments: 689

Ligne téléphonique directe du commissaire Gordon

La trappe se ferme quand Bruce Wayne saute

À côté de la cabine se trouve un présentoir de couleur vive pour le matériel du justicier, dont deux Batarangs, des menottes (de la bonne taille pour une figurine) et des jumelles. Batman a tout le nécessaire à portée de main – pour ne pas perdre de temps quand il part affronter les méchants!

BAT-GEAR

POISON IVY (2012)

Poison Ivy est enfermée dans la cellule de la Batcave… tant que Bane ne la fait pas s'évader. La nouvelle figurine d'Ivy est d'un vert plus clair que celle de 2006, avec des feuilles imprimées dans ses cheveux, une tête réversible et un fouet en liane.

BAT-GEAR

Équipement rangé au mur

Des lumières signalent les endroits dangereux

ALERT!

HOLDING CELL

Cellule électrisée

Batman en émerge en costume

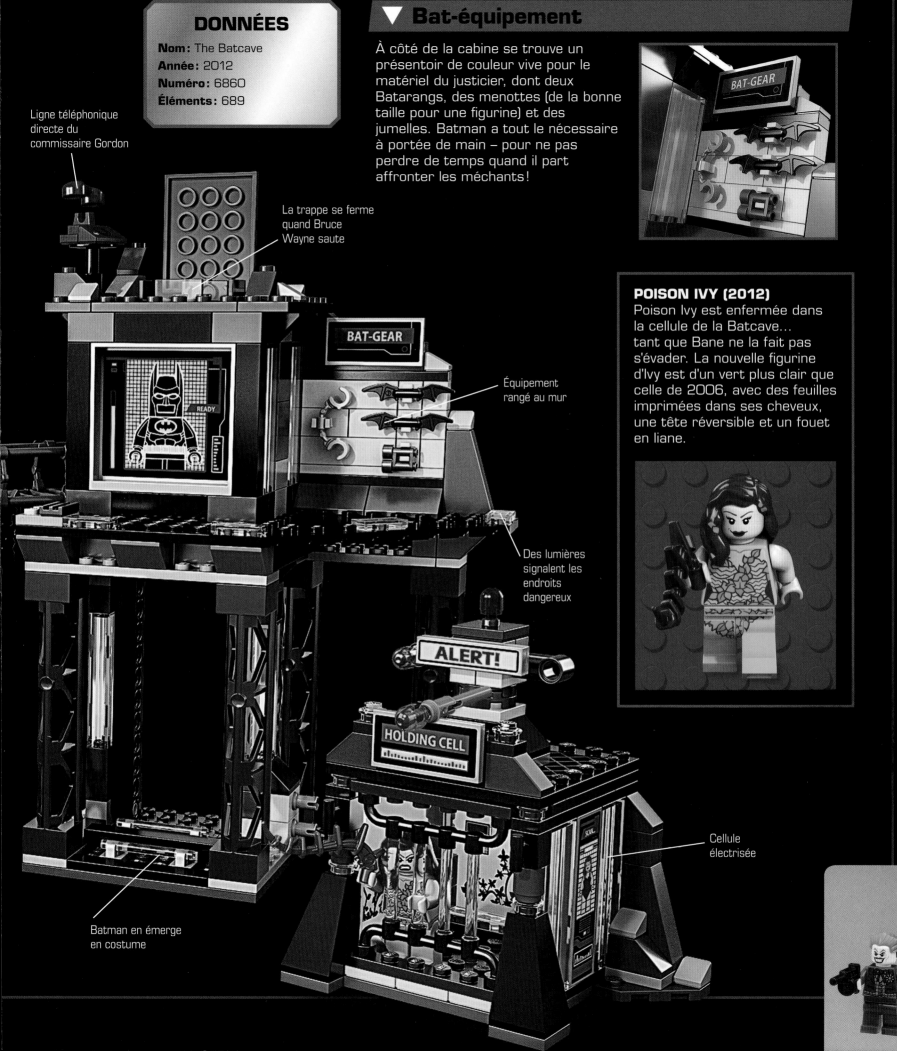

HÉROS ET MÉCHANTS DC

LE THÈME LEGO DC Super Heroes ouvre tout un monde de construction, bien plus vaste que Gotham. Enfin, Batman peut s'allier avec certains de ses amis les plus célèbres du monde de DC Comics, présentés en figurine pour la toute première fois – et ensembles, ils peuvent affronter une horde de criminels terrifiants !

▼ Superman

Envoyé sur Terre alors qu'il était bébé pour échapper à la destruction de sa planète, Kal-El acquit des pouvoirs surhumains. Il mène aujourd'hui une double vie dans la ville de Metropolis. Le timide journaliste Clark Kent est en fait Superman, le super-héros le plus puissant de la Terre. Sa figurine possède deux visages : l'un sérieux et l'autre souriant.

Cheveux uniques, avec la mèche iconique

Symbole de son héritage kryptonien

Costume classique avec cape rouge

▼ Wonder Woman

Diana est une princesse amazone de l'île de Themyscira. Elle utilise sa force, sa vitesse et son agilité prodigieuse, ainsi que sa capacité à voler, pour défendre la paix et la justice sous le nom de Wonder Woman. Sa figurine possède des cheveux uniques, avec un diadème peint. Son visage réversible sourit ou grogne selon la situation. Son Lasso magique force tous ceux qu'il enserre à ne dire que la vérité. Cet accessoire flexible peut se passer autour d'autres figurines pour les capturer.

Cheveux uniques, avec diadème peint

Lasso de Vérité

Motif de costume complexe

BRIQUIPÉDIA
Superman fut proposé pour la première fois en cadeau à la Comic-Con de New York en octobre 2011, avec une carte pour le concours LEGO Super Heroes Unite !

KRYPTONITE
La plus grande faiblesse de Superman concerne la Kryptonite, un cristal lumineux créé par l'explosion de sa planète natale, Krypton. Sa forme la plus courante, verte, affaiblit Superman et le prive de ses pouvoirs, ce qui en fait un trésor pour les criminels. d'autres variétés, or ou rouge, ont d'autres effets dangereux sur le superhéros.

Cristal LEGO translucide

GREEN LANTERN
Inspirée de la tenue du film, cette figurine de Hal Jordan, alias Green Lantern, ne fut proposée qu'en cadeau lors des Comic-con de San Diego et New York en 2011.

LEX LUTHOR
Lex Luthor a autant le génie scientifique que celui des affaires, mais sa haine dévorante de Superman lui a fait consacrer tout son être et toute son énergie à la destruction de l'Homme d'Acier.

▼ Lex-o-squelette

Assis aux commandes d'une armure robotisée de sa propre invention, Lex Luthor affronte Wonder Woman et Superman dans cette boîte qui ne manque pas de puissance. Membres à rotules, taille articulée et doigts autonomes, l'armure de Lex est très maniable. Des éléments translucides verts composent sa terrible source d'énergie à la Kryptonite.

Arme à rayons de Kryptonite

Doigts articulés

Câble d'alimentation vert translucide

Aérations de refroidissement

Articulations à rotules résistantes

Pieds larges pour assurer la stabilité

PISTOLET À KRYPTONITE
Alimenté par un éclat de Kryptonite brute dans un réservoir transparent, le canon de Lex tire des rayons affaiblissants qui peuvent mettre Superman à genoux. Si Luthor parvient à le toucher !

MÉCHANT DE JEU VIDÉO
Dans ce pack spécial offert pour la précommande du jeu vidéo LEGO *Batman 2*, Luthor porte un scaphandre de combat et son Deconstructor, une arme capable de désassembler toute structure composée de briques LEGO noires dans le jeu.

DONNÉES
Nom : Superman vs. Power Armor Lex
Année : 2012
Numéro : 6862
Éléments : 207

LE JOKER

AVEC LE RETOUR DE BATMAN au sein des LEGO DC Universe Super Heroes, il était évident que sa Némésis ne pouvait pas être loin. Seul criminel présenté dans plusieurs boîtes dès la première année, le Joker est, avec Robin, la deuxième figurine la plus présente dans le thème. Et ça ne le fait sans doute pas rire!

Mains à la peau blanche

Fleur à acide plus grosse

Télécommande de la boîte 6857

▶ Le Joker (2012)

Le Clown du Crime est de retour, avec une gaîté toujours aussi impitoyable. Le nouveau Joker conserve son costume violet, mais avec un gilet à carreau jaune et vert, et beaucoup de détails supplémentaires sur le torse. Il se coiffe différemment, et possède deux nouvelles expressions : un rictus sarcastique et son sourire habituel.

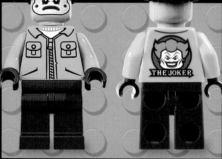

TRISTE CLOWN
Le Joker est épaulé dans ses farces criminelles par un tout nouvel homme de main qui paraît bien sinistre, malgré son maquillage. Il affiche le nom et le visage du Joker dans son dos.

Aileron personnalisé

Pales rotatives

◀ Le Joker-coptère (2012)

À nouveau Joker, nouveau Joker-coptère ! Celui-ci possède un rotor à trois pales, quatre missiles à pichenette et une bombe à gaz hilarant toxique avec un gros nez de clown orange, larguée par un bouton à l'arrière. Il y a aussi une échelle de corde d'où le Joker peut narguer la ville en riant aux éclats.

DONNÉES

Nom: Batwing Battle Over Gotham City
Année: 2012
Numéro: 6863
Éléments: 278

Logo du Joker

Échelle de corde

Bombe de gaz hilarant

CATWOMAN

LA FEMME-CHAT a encore frappé !
La meilleure monte-en-l'air de Gotham
n'a rien perdu de ses habitudes.
Outre sa moto, la deuxième boîte
de Catwoman comprend un trottoir
de Gotham avec boîte aux lettres,
feu rouge, kiosque à journaux et
un tas de cartons. Autant d'éléments
que Batman pourra détruire avec
son Batarang en essayant d'interrompre
la fuite effrénée de Catwoman.

DONNÉES

Nom : Catwoman Catcycle
City Chase
Année : 2012
Numéro : 6858
Éléments : 89

Diamant
volé

Phare

▶ Catcycle (2012)

La nouvelle moto de Catwoman partage la couleur et
construction de base de la première, mais
quelques détails lui retirent son côté
« chat de dessin animé ». Envolés, les
yeux et oreilles – mais l'arrière
ressemble à présent à une longue
queue achevée par un feu de
position rouge vif.

BRIQUIPÉDIA

Le masque de
Catwoman ressemble
peut-être à celui de
2006, mais c'est une
nouvelle pièce, aux yeux
plus rapprochés.

Pince de rangement
du fouet

Béquilles

Feu de
circulation

Boîte aux
lettres

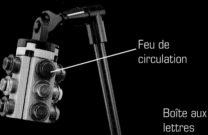

▼ Catwoman (2012)

Motif de
costume modifié

La seconde figurine de Catwoman s'inspire du même
costume que la première, mais avec un tout nouvel
imprimé. Sa nouvelle apparence se poursuit dans le
dos, et sa vieille ceinture de corde a été remplacée
par une version plus tendance.

▲ Carrefour de Gotham

Ce trottoir de Gotham ne sert pas qu'à la
décoration. Le feu tricolore au sommet de son
mât est tenu par un crochet – une clé à molette
de figurine. Il serait donc facile de le faire
tomber sur la moto de Catwoman – ou sur la
tête du justicier si vous préférez la laisser
s'enfuir avec son butin pour cette fois !

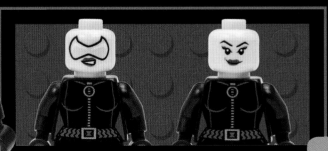

LES YEUX DU CHAT
Catwoman porte un rouge à lèvres violet,
des lunettes bleues et non argentées…
et deux rictus goguenards.

DOUBLE-FACE

DOUBLE-FACE EST DE RETOUR, et les problèmes des habitants de Gotham vont redoubler. Ce criminel a peut-être une toute nouvelle apparence, mais il reste divisé sur la marche à suivre : faut-il fuir avec le butin, ou simplement faire sauter le coffre sur-le-champ ?

Coffre-fort volé

Bras articulé

Missiles à pichenette

DONNÉES

Nom : Batmobile and the Two-Face Chase
Année : 2012
Numéro : 6864
Éléments : 531

Canon rotatif

Nouvelle pièce d'argent, avec nouvelle décoration

Barreaux de prison en guise de pare-chocs renforcé

▲ Le camion de Double-Face

Le véhicule de Double-Face est à son image : une combinaison de briques de couleurs vives et de rayures noires lui donne son aspect divisé, qui se poursuit même sur le bras manipulateur articulé. Fidèle à la personnalité de Double-Face, chaque côté porte une arme différente.

▶ Double-Face (2012)

Harvey Dent a renoncé à son ancienne tenue pour retrouver celle de sa toute première apparition en bande dessinée en 1942. Son costume orange et violet et son nouveau visage rendent sa figurine de 2012 très reconnaissable.

HOMME DE MAIN #1   **HOMME DE MAIN #2**

DEUX POUR LE PRIX D'UN

Cette fois, Double-Face a deux gros bras en vestes assorties. Il travaille souvent avec des jumeaux, mais ces deux-là n'ont pas d'air de parenté.

BANK

Fenêtre éjectable

Porte

Guichet

◀ Banque de Gotham

Quel braquage serait complet sans une banque ? Ce coin de banque comporte un guichet et un ordinateur, un coffre plein de billets de cent dollars et une vitrine qui peut « exploser » grâce à un levier. Le vigile a un talkie-walkie et des menottes... mais cela suffira-t-il pour arrêter Double-Face ?

VIGILE 2012

BANE

ON DIRAIT QUE BANE n'a pas oublié son serment de briser la Chauve-souris! Toujours aussi fort et impitoyable, il a découvert l'emplacement de la Batcave et y a creusé un tunnel grâce à son char. La dynamite qu'il tient pourrait faire beaucoup de dégâts. Mais une fois poussé par le Venin, Bane pourrait sans doute tout saccager à mains nues.

Pot d'échappement

Le projecteur illumine cavernes et tunnels

Missiles à pichenette

BRIQUIPÉDIA

L'ours en peluche chéri de Bane, Osito, n'est pas dans la boîte, mais on en trouve un dans la gamme LEGO® Minifigures si vous y tenez vraiment!

Le foret tourne lorsque le tank avance

DONNÉES

Nom: The Batcave
Année: 2012
Numéro: 6860
Éléments: 689

Chenilles en caoutchouc

DYNAMITE

▶ Foreuse blindée

Construit pour se frayer un chemin jusque dans une caverne, le tank de Bane est aussi solide que son conducteur. Un rouage LEGO® Technic caché à l'intérieur fait tourner le foret quand le tank avance (ou recule) sur ses chenilles en caoutchouc, et deux missiles à pichenette éliminent les murs ou véhicules qui s'interposent.

◀ Bane (2012)

Bane porte le même costume qu'en 2006 (et que dans toutes ses apparitions en bande dessinée depuis sa création en 1993), il est à présent noir et non bleu. Les détails de son masque et de son torse ont été redessinés, avec une fermeture Éclair sur le front et une boucle rouge sur sa ceinture. Ses muscles sont mieux dessinés, et il a retiré ses gants : il veut sans doute passer aux choses sérieuses!

IL A BON DOS
Le motif dans le dos de Bane a changé lui aussi. Le tube qui l'alimente en Venin est coudé, et se branche dans l'arrière de son masque en un seul endroit, central.

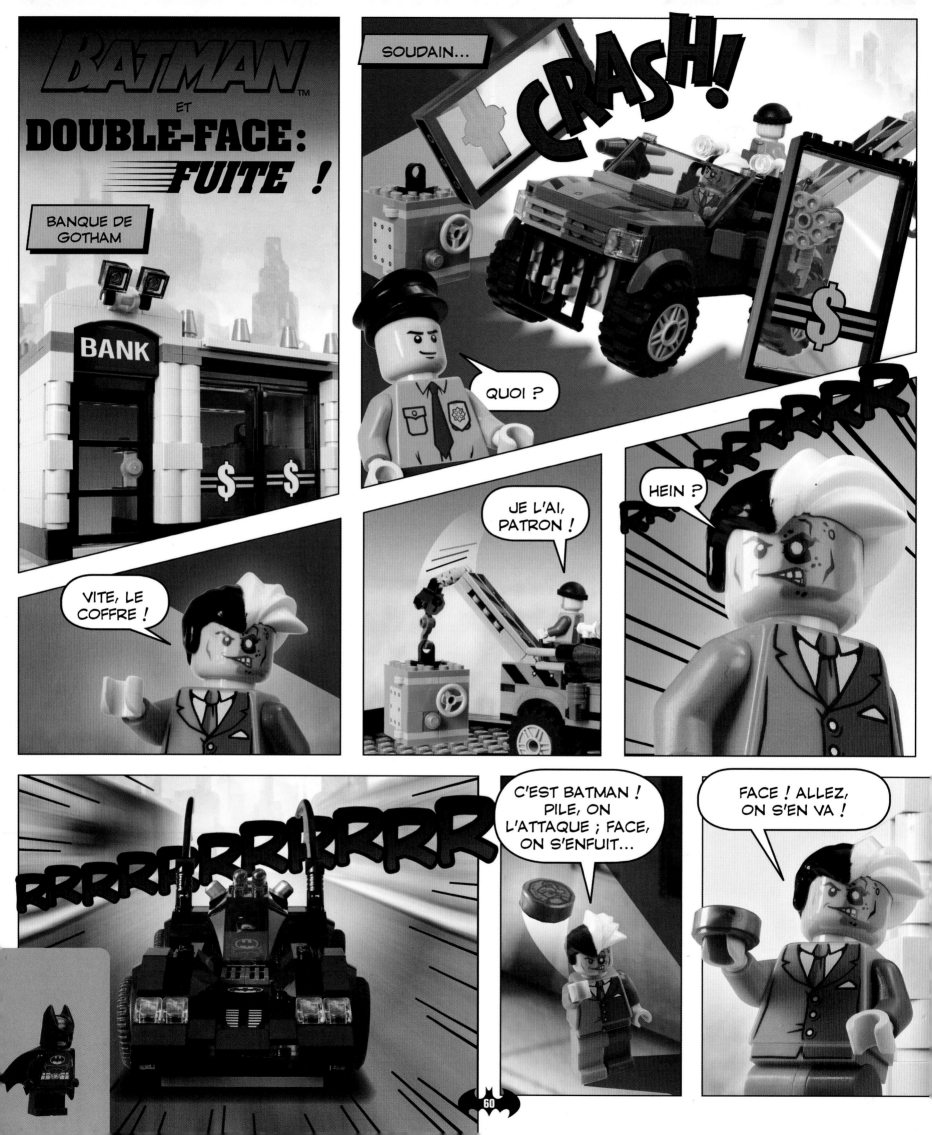

LA FÊTE FORAINE

POURQUOI BATMAN serait-il le seul à avoir un QG secret ? Alliés, le Joker et le Sphinx ont construit un Carnaval truffé de pièges pour mettre à l'épreuve l'intelligence et les réflexes du Dynamique Duo. Ils ont même invité Harley Quinn à la fête. Batman et Robin sont sur le point de découvrir que les attractions de ce parc peuvent être fatales !

Sa canne est un pied-de-biche

Mains violettes rares

◀ Le Sphinx (2012)

Le Joker a peut-être une imagination débordante, mais le Sphinx reste le cerveau de cette Fête foraine. Il a même installé une réplique de sa tête qui pose sans cesse des questions pour étourdir les héros sous les énigmes. La nouvelle figurine du Sphinx est plus musclée, il porte un chapeau melon et une canne en forme de point d'interrogation.

DONNÉES

Nom : The Dynamic Duo Funhouse Escape
Année : 2012
Numéro : 6857
Éléments : 380

◀ Bonne blague

Personne n'a jamais accusé le Joker d'être humble : on retrouve son rictus placardé partout dans sa fête foraine ! Mais ce n'est pas la seule expression dont sa figurine soit capable en 2012. Retournez-lui la tête et il arbore une toute nouvelle expression (voir aussi p.56).

Rails de montagne russe

Le wagon défonce la porte à l'effigie du Joker

Automate à énigmes, à l'effigie du Sphinx

▲ Fête foraine

Chaque méchant peut jouer dans son coin. Le Sphinx a une trappe secrète, Harley Quinn a une bascule dans le sol et un marteau géant pour propulser Batman au loin, et le Joker règne sur les hauteurs avec une grue radiocommandée pour suspendre Robin par les pieds au-dessus d'un tonneau rempli de produits toxiques… et de poissons.

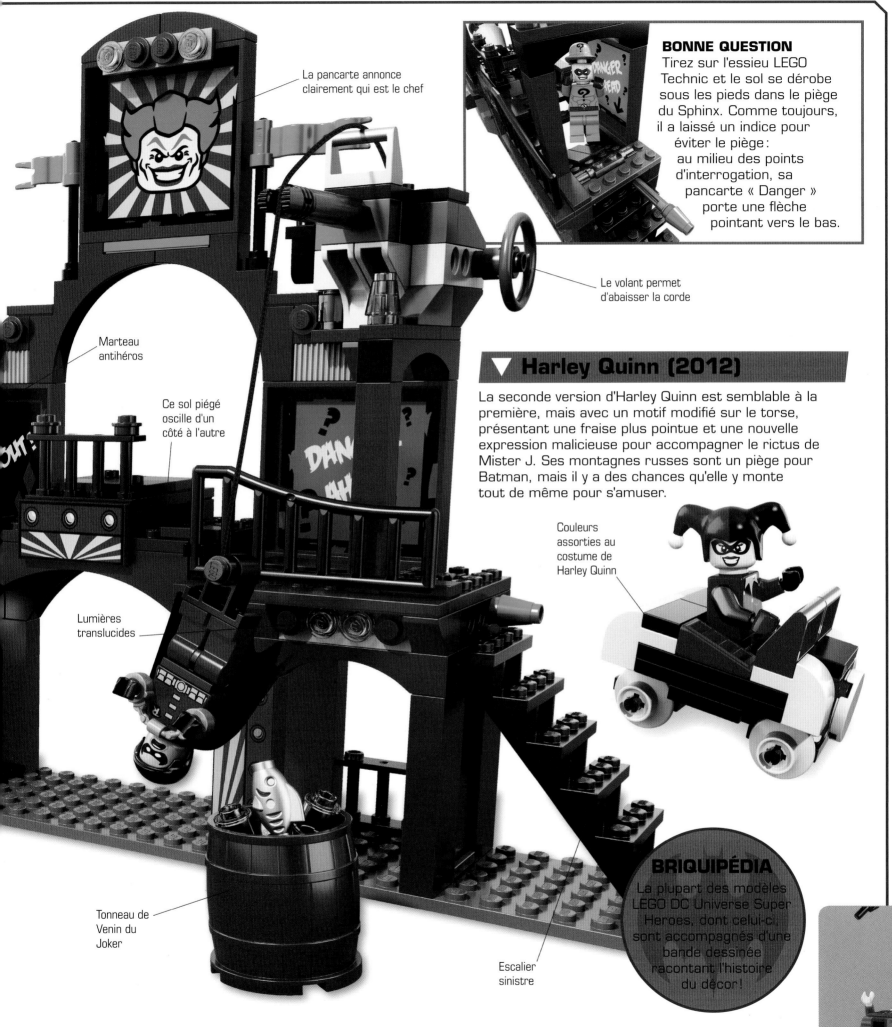

La pancarte annonce clairement qui est le chef

BONNE QUESTION
Tirez sur l'essieu LEGO Technic et le sol se dérobe sous les pieds dans le piège du Sphinx. Comme toujours, il a laissé un indice pour éviter le piège : au milieu des points d'interrogation, sa pancarte « Danger » porte une flèche pointant vers le bas.

Le volant permet d'abaisser la corde

Marteau antihéros

Ce sol piégé oscille d'un côté à l'autre

▼ Harley Quinn (2012)

La seconde version d'Harley Quinn est semblable à la première, mais avec un motif modifié sur le torse, présentant une fraise plus pointue et une nouvelle expression malicieuse pour accompagner le rictus de Mister J. Ses montagnes russes sont un piège pour Batman, mais il y a des chances qu'elle y monte tout de même pour s'amuser.

Couleurs assorties au costume de Harley Quinn

Lumières translucides

Tonneau de Venin du Joker

Escalier sinistre

BRIQUIPÉDIA
La plupart des modèles LEGO DC Universe Super Heroes, dont celui-ci, sont accompagnés d'une bande dessinée racontant l'histoire du décor!

LEGO® ULTRABUILD

PLUS GRANDS QU'UNE FIGURINE! Plus rapide à construire qu'une Batmobile! Ce sont les LEGO® Ultrabuild! Lancées en même temps que la première série DC Universe Super Heroes en 2012, ces grosses figurines massives utilisent un système de rotules et d'armure emboîtable qui permet de construire des héros et des criminels plus gros, plus maniables et imposants.

DONNÉES

Nom: Batman
Année: 2012
Numéro: 4526
Éléments: 40

▼ Le Joker

Le très imprévisible Joker mérite bien sa réputation : qui aurait pensé que sa figurine Ultrabuild compterait plus d'éléments que tous les autres personnages de la série ? Le Joker Ultrabuild Joker n'a peut-être pas les larges épaules des gentils, mais il compense avec son armure pointue et son pistolet laser transparent.

Sourire fou

Électro-cravate

Queue-de-pie pointue

Costume très coloré

DONNÉES

Nom: The Joker
Année: 2012
Numéro: 4527
Éléments: 57

Masque non-amovible

Pointes des ailes en plastique mou

Symbole sur le plastron

La Bat-épée se sépare en deux

Poings aux doigts sculptés

Armure massive

▲ Batman

Toujours à la pointe de la technologie, Batman a amélioré son équipement pour affronter le Joker. Des ailes pointues remplacent sa cape habituelle, son Batarang cède la place à une Bat-épée à deux lames. Grâce à leur rotules, les figurines Ultrabuild peuvent adopter toutes les attitudes que l'on veut.

▼ Green Lantern

Premier personnage étranger à Batman à obtenir son Ultrabuild, Green Lantern s'inspire du costume de Hal Jordan dans les comics. L'anneau de Green Lantern lui permet de projeter des objets composés d'énergie solide, dont la forme est définie par son imagination et sa volonté. Cette boîte représente l'une de ces projections en forme de masse pointue et rotative.

Antennes capteuses d'électricité

Armure renforcée

Pointes à Venin du Joker

Pantalon violet

DONNÉES

Nom : Green Lantern
Année : 2012
Numéro : 4528
Éléments : 38

Masse d'énergie rotative

Cheveux, masque et détails peints

Les articulations à friction lui donnent une taille héroïque

Symbole des Green Lantern

Les plaques du costume se clippent sur le squelette articulé

BRIQUIPÉDIA

Le système de construction à rotules Ultrabuild fut imaginé pour les gammes BIONICLE® et LEGO® Hero Factory.

COMBOS

Le site web LEGO DC Universe Super Heroes comporte des instructions à télécharger pour des versions alternatives ou combinées. Elles rehaussent les figurines Ultrabuild avec des éléments pris sur une autre figurine, qui donnent une version plus puissante du personnage.

Masses d'énergie jaune et verte. Green Lantern a dû récupérer un autre anneau énergétique !

Armure renforcée, pour les conditions extrêmes

DERRIÈRE LES BRIQUES

SOUS LE masque de Batman se cache le richissime play-boy Bruce Wayne. Mais que cachent les briques des boîtes LEGO® Batman™ et LEGO® DC Universe Super Heroes? Vous trouverez dans ces pages des révélations sur la conception et le développement de ces thèmes épiques, depuis les prototypes sculptés à la main jusqu'aux versions préparatoires, raffinées et repensées pour arriver aux boîtes LEGO telles que vous les connaissez... sans oublier quelques produits dérivés inspirés par ces modèles!

EN COULISSES

JOAKIM KØRNER Nielsen est responsable de Conception du thème LEGO® Super Heroes à Billund, Danemark. Il travaille chez LEGO depuis cinq ans et demi, auparavant comme Concepteur pour LEGO® *Star Wars*™, LEGO® Pirates des Caraïbes™ et LEGO® Bob L'Éponge™. Il fait partie de l'équipe LEGO DC Universe Super Heroes depuis sa mise en place. Nous l'avons interviewé pour découvrir les secrets de conception et de fabrication de ces modèles.

Deux figurines créées exclusivement pour la Comic-Con de 2011.

Pour commencer, qui sont les membres de l'équipe de conception LEGO Super Heroes, et que font-ils ?

Nous sommes huit dans l'équipe. En tant que responsable de la conception, je dirige le processus créatif et j'épaule les concepteurs. Nous en avons quatre : Sven Robin Kahl, Marcos Bessa, Luis Castaneda et John Cuppage inventent les modèles ; la conceptrice en chef Gitte Thorsen sculpte les nouveaux éléments à la main ; et les concepteurs graphiques Martin Fink et Thomas Ross Perry travaillent sur la décoration des briques et des figurines, et sur les autocollants. Pour la plupart, nous avons déjà travaillé sur d'autres thèmes, comme les LEGO® *Star Wars*™ ou LEGO® Harry Potter™.

Comment trouvez-vous l'inspiration pour les nouveaux modèles et leurs figurines ? Quelles recherches faites-vous ?

La première phase de conception peut commencer jusqu'à un an et demi avant la parution d'une boîte. Nous étudions l'univers DC en lisant les comics et en regardant les films correspondants. Nous nous inspirons des comics sur toute leur durée, même il y a plusieurs décennies. Quand un nouveau film sort, nous lisons le script et nous allons sur le tournage pour chercher des personnages, véhicules, décors ou scénarios pertinents. C'est très utile pour inclure de petits détails dans nos boîtes, pour les fans. Puis nous travaillons en étroite collaboration avec DC.

Depuis la gauche : Sven Robin Kahl, concepteur ; Thomas Ross Parry, concepteur graphique junior ; Marcos Bessa, concepteur ; Gitte Thorsen, conceptrice en chef ; John Cuppage, concepteur ; Martin Fink, concepteur graphique ; Joakim Kørner Nielsen, responsable de la conception ; Luis F. E. Castaneda, concepteur

Pouvez-vous nous parler de cette collaboration ?

Nous sommes en dialogue permanent avec DC Comics. Ils ont eux aussi des suggestions sur les modèles à publier, par exemple les véhicules et leurs fonctions. Les boîtes LEGO Batman et Super Heroes sont très axées sur les personnages, aussi est-il important de bien les connaître, et DC peut nous apprendre tout ce dont nous avons besoin. Une fois les idées convenues, nous leur envoyons des croquis en 2D de modèles possibles, ou des prototypes de figurines. Puis nous tenons des réunions de développement, après lesquelles DC peut donner son approbation officielle.

Nous vérifions sa stabilité et ses fonctions de jeu. Il faut que ces fonctions soient évidentes. Il est aussi crucial que le modèle soit amusant à construire. L'équipe des Instructions doit regarder le tout de son point de vue – il faut parfois changer la couleur d'un élément pour qu'il apparaisse clairement dans le livret.

« LE PLUS IMPORTANT RESTE QUE LES BOÎTES INTÉRESSENT LES ENFANTS, AUSSI TESTONS-NOUS LES MODÈLES AVEC DES ENFANTS AVANT D'ÉCOUTER LEUR AVIS ET LEURS SUGGESTIONS. »

Luis F. E. Castaneda esquisse de nouvelles idées qui pourraient être explorées sous forme de briques.

Illustration préparatoire par Luis F. E. Castaneda.

Quel est le processus qui mène à la création d'une boîte LEGO Batman ou DC Super Heroes, du début à la fin ?

Après nos échanges avec les partenaires, nous explorons en profondeur le modèle à produire. Nous ébauchons des idées d'éléments ou de fonction. Nous évaluons le besoin de nouveaux éléments, comme une perruque de figurine ou un cockpit pour un véhicule. Nous étudions aussi quels autocollants seront nécessaires. Nous décidons de quoi nous avons besoin, et nous commençons le travail. Puis il y a plusieurs phases à traverser pour que tout soit parfait. Le plus important pour nous reste que ces boîtes soient intéressantes pour les enfants, aussi testons-nous les modèles avec des enfants avant d'écouter leur avis et leurs suggestions. Il faut aussi s'assurer que nous avons produit un modèle d'assez bonne qualité, et au bon prix. Quand nous avons le résultat de ces tests-là, nous faisons subir au modèle une batterie de contrôles de qualité internes.

Ils savent exactement ce dont un enfant est capable, au niveau moteur. Nous testons la qualité du modèle, les dangers qu'il présente, les accidents possibles – par exemple, tombe-t-il en morceaux quand on l'a fini ? Il faut un sans-faute, même si on a beaucoup joué avec le modèle ou s'il n'a pas été très bien assemblé.

Ensuite, il ne reste qu'à obtenir la validation finale du partenaire. Le modèle est alors enregistré dans le système, et l'équipe des Instructions n'a plus qu'à dessiner son livret...

Modèle préparatoire d'une petite Batmobile promotionnelle.

EN COULISSES

En quoi les boîtes LEGO Super Heroes diffèrent-elles des autres boîtes LEGO ?

Une boîte LEGO Batman devrait toujours montrer Batman en train d'affronter un de ses ennemis. Il faut que l'ensemble repose sur une bonne histoire – une qui donnera envie aux enfants de la construire et de la jouer. En tant que thème, comme son nom l'indique, LEGO DC Universe Super Heroes se concentre avant tout sur les personnages. Tout commence avec le héros et son ennemi : qui sont les héros ? À quoi ressemblent-ils ? Qui affrontent-ils ? Par rapport aux autres thèmes LEGO… dans LEGO® City, par exemple, le produit peut être un camion de pompiers. Ici, le produit, c'est le personnage. L'univers DC est vaste et excitant – il n'y a pas que Batman. Avec Superman et Wonder Woman, nous avons gagné en variété.

Modèle préparatoire de Luis F. E. Castaneda. Il fut modifié avant d'apparaître dans la boîte 6860, la Batcave.

Avez-vous eu besoin de créer de nouveaux éléments LEGO pour ce thème ?

Les boîtes Batman et Super Heroes nous ont permis de créer beaucoup de nouveaux éléments LEGO – notamment pour les figurines. Beaucoup de personnages de comics ont des traits caractéristiques : la mèche en S de Superman, les masques de Catwoman et Batman, ou la coiffure de Double-Face, par exemple. Tout cela a été transformé en éléments LEGO. Nous essayons tant que possible d'utiliser des pièces existantes pour les véhicules et les bâtiments, pour rester concentrés sur les personnages.

Quelle est votre figurine préférée dans le thème ?

Bien sûr, toutes les figurines de Batman rendent très bien. Il a beaucoup de gadgets et de véhicules, ce qui est parfait pour des LEGO. Mais le design de Martin pour le nouveau Joker est tellement coloré – la folie et l'humour concentrés en une seule figurine.

Un modèle préparatoire de Joakim Kørner Nielsen, pour chercher le moyen de fabriquer l'avion invisible de Wonder Woman.

Élément sculpté à la main par Gitte Thorsen. Un modèle à l'échelle 3:1 est sculpté à la main, scanné puis préparé pour sa production à la bonne échelle.

Quelle est votre boîte préférée dans ce thème ?

Pour l'instant c'est le Carnaval, qui a été fabriqué par Sven. On y trouve le bon mélange d'humour LEGO et d'ambiance de comics. Et le modèle a plu à tout le monde !

Y a-t-il eu des boîtes ou des éléments particulièrement difficiles à concevoir ?

C'est Marcos qui a imaginé l'élément de la Batcave grâce auquel Bruce Wayne se transforme en Batman. C'est super. C'est important de continuer d'étonner, pour garder le plaisir de la découverte. C'est bien d'avoir quelque chose qui sort de l'ordinaire. Ça a été assez difficile à faire, puisque, cela va de soi, nous n'avions que des éléments LEGO pour arriver à nos fins. Il faut faire en sorte que tout fonctionne – même si les petits enfants n'ont pas enfoncé toutes les briques de la bonne façon, ou si on a beaucoup joué avec le modèle.

> « IL NOUS ARRIVE D'INCLURE LES INITIALES D'UN CONCEPTEUR, OU SA DATE DE NAISSANCE, SUR UN ÉLÉMENT LEGO – DES DÉTAILS POUR AMUSER LES FANS. »

Et y a-t-il eu des figurines difficiles à créer ?

Wonder Woman n'a pas été simple. Nous devions la rendre fidèle à son personnage DC. Nous avons dû créer une nouvelle coiffure, très complexe. Ça a été la figurine la plus compliquée de l'année dernière.

Êtes-vous un fan de l'univers des DC Comics ?

Avec toutes les recherches que nous devons faire (et c'est vraiment un côté sympa de notre travail), c'est difficile de ne pas se laisser emporter ! Je ne suis pas un fan acharné, mais j'adore le personnage de Batman, parce que même sans superpouvoirs, il vient à bout de toutes les situations. Il a des armes et des gadgets incroyables. La Batmobile est vraiment très cool.

Et si vous étiez Batman pendant une journée, que feriez-vous ?

Je passerais sans doute la journée au volant de la Batmobile, pour appuyer sur tous les boutons ! Mais si je pouvais être n'importe que héros de chez DC, je choisirais Superman, parce

Sven Robin Kahl prépare un nouvel élément du thème avec un programme de dessin 3D.

qu'il peut voler, mais pourtant il a l'air d'un type tout à fait normal, qui mène une vie très sage.

En tant que concepteurs, vous arrive-t-il de cacher des secrets ou des clins d'œil sur vos modèles ?

Oui, mais je ne veux rien dévoiler ! Il nous arrive d'inclure des détails que seuls les fans acharnés pourraient remarquer, comme quelque chose sur une tuile de journal. Il nous arrive de mettre les initiales d'un concepteur, ou sa date de naissance, sur un élément LEGO – des détails, pour amuser les fans. Ils aiment bien en discuter sur les forums, ou essayer de trouver les initiales du concepteur, tout ça…

Modèle préparatoire de Marcos Bessa pour un véhicule de Mr. Freeze.

Quel personnage DC Comics auriez-vous le plus envie de transformer en figurine LEGO ?

Ce ne sont pas les envies qui manquent. Le nouveau jeu LEGO Batman donne de bons exemples. Les possibilités sont infinies. Flash par exemple, il a un beau casque, qui fonctionnerait bien comme élément LEGO, avec les ailettes.

Y a-t-il un lieu ou un véhicule que vous aimeriez voir en briques LEGO ?

Quand j'étais enfant, j'adorais les films de Superman, et j'aimerais beaucoup voir une boîte sur sa Forteresse de Solitude.

Modèle préparatoire de Luis F. E. Castaneda qui explore l'aspect humoristique du monde des superhéros.

Si vous pouviez combiner les LEGO DC Super Heroes avec n'importe quel autre thème LEGO, lequel choisiriez-vous ?

Un vieux thème, celui de l'Espace. Imaginez les extraterrestres qui viennent nous envahir, alors que la Terre est défendue par les superhéros !

PRODUITS DÉRIVÉS

LE MONDE DES LEGO Batman ne se limite pas aux briques. En plus de deux jeux vidéo à succès et d'un court-métrage télévisé, vous pouvez trouver des vêtements, des porte-clefs, des jouets de fast-food, des stylos, des cartes postales… et même une bande dessinée *LEGO Batman : Secret Files and Origins* distribuée à la Comic-Con de San Diego en 2006. Voici un échantillon de ces produits dérivés !

PORTE-CLEFS BATMAN (2012)

Tuile imprimée au logo LEGO

PORTE-CLEFS BATMAN (2006)

Anneau en métal

▼ Magnets

Vendus en paquets de trois, les magnets figurines LEGO sont conçus pour rester collés aux frigos et autres surfaces en métal. Ceux de la gamme LEGO Batman d'origine ont des aimants intégrés à leurs jambes, tandis que ceux des LEGO DC Universe Super Heroes sont des figurines avec une brique magnétique 2x4 en guise de socle.

pistolet factice amovible

Socle magnétique

Cape non-amovible (on ne peut pas retirer la tête)

PORTE-CLEFS ROBIN (2006)

MAGNET DU JOKER (2012)

MAGNETS (2006)

▲ Porte-clefs

Qui mieux que Batman pourrait protéger vos clefs ? Le département LEGO Extended Line a produit une dizaine de porte-clefs différents de l'univers DC Universe, chacun doté d'une figurine au bout d'une chaîne en métal. Bien sûr, si vous choisissez un personnage comme Catwoman, Harley Quinn ou le Sphinx, rien n'assure que vous retrouverez vos clefs…

COMIC BOOK DE LA BATCAVE (2012)

▲ Mini-Comics

Les aventures des LEGO Batman continuent dans les mini-comics présents dans presque toutes les boîtes LEGO DC Universe Super Heroes. Avec onomatopées mais sans dialogues, ils racontent l'histoire de la boîte qui les accompagne et illustrent ses fonctionnalités.

CASQUETTE LEGO BATMAN (2006)

Symbole sur la visière

► Jouets Happy Meal

En 2008, le groupe LEGO s'associa à McDonald's pour créer huit jouets inclus dans les menus Happy Meal : Batman, Robin, le Joker, Mr. Freeze, la Batmobile, le Bat-bateau, le Joker-coptère et le sous-marin du Pingouin. Chaque jouet possède une action, et un code spécial qui donne accès à des personnages bonus dans LEGO *Batman : le Jeu Vidéo*.

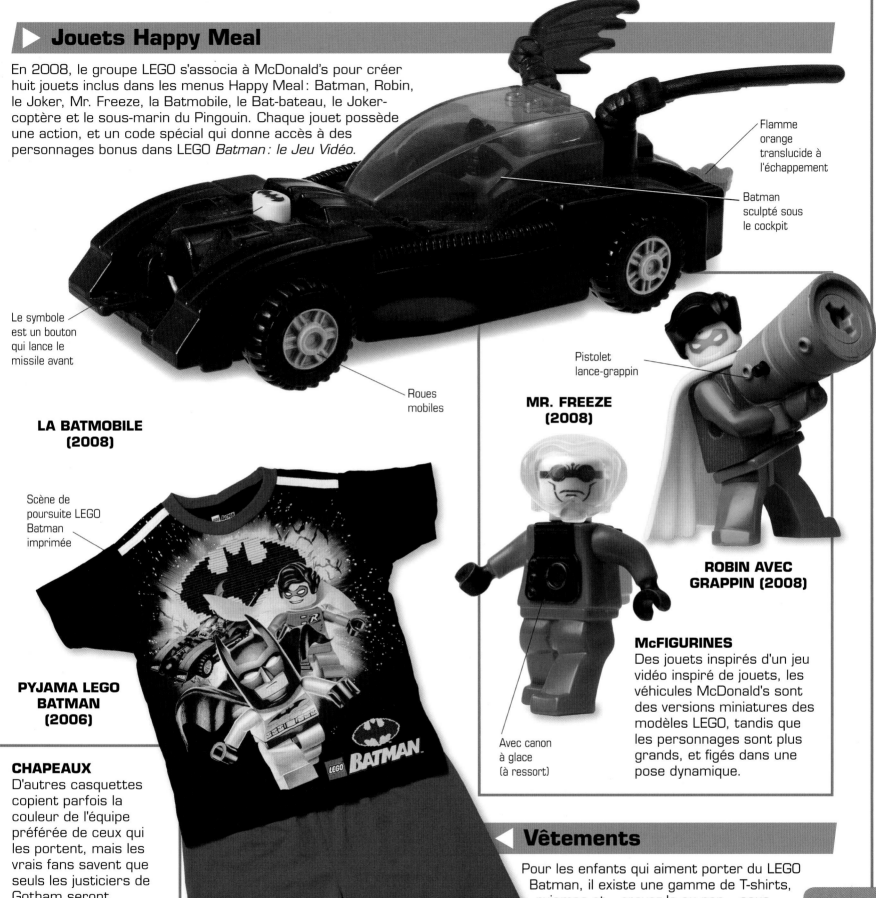

Flamme orange translucide à l'échappement

Batman sculpté sous le cockpit

Le symbole est un bouton qui lance le missile avant

Roues mobiles

LA BATMOBILE (2008)

Pistolet lance-grappin

MR. FREEZE (2008)

ROBIN AVEC GRAPPIN (2008)

Scène de poursuite LEGO Batman imprimée

PYJAMA LEGO BATMAN (2006)

McFIGURINES
Des jouets inspirés d'un jeu vidéo inspiré de jouets, les véhicules McDonald's sont des versions miniatures des modèles LEGO, tandis que les personnages sont plus grands, et figés dans une pose dynamique.

Avec canon à glace (à ressort)

CHAPEAUX
D'autres casquettes copient parfois la couleur de l'équipe préférée de ceux qui les portent, mais les vrais fans savent que seuls les justiciers de Gotham seront toujours gagnants. Plusieurs modèles LEGO Batman ont été produits depuis 2006.

◄ Vêtements

Pour les enfants qui aiment porter du LEGO Batman, il existe une gamme de T-shirts, pyjamas et – croyez-le ou non – sous-vêtements décorés de figurines des deux justiciers et de leurs ennemis. On en trouve même pour adultes... pardon, pour les grands enfants !

NUMÉRISATION

UNE FOIS la justice rétablie dans le monde des briques en plastique, où le justicier peut-il se tourner? Mais, dans le monde numérique, bien sûr! LEGO® *Batman*™ *: le jeu vidéo* permet aux joueurs de contrôler Batman et ses acolytes dans leur mission dans Gotham, où ils devront grimper, se balancer, frapper et bien sûr construire, tout cela pour déjouer les plans des plus grands ennemis de Batman. À moins que vous préfériez aider ces criminels à prendre le contrôle de la ville. Et ce n'est que le début des aventures vidéo de LEGO® Batman...

INTRODUCTION

À la sortie, fin 2008, de LEGO® Batman™ : *le jeu vidéo*, la frénésie liée au film *The Dark Knight* battait encore son plein. Le jeu proposait une immersion tout public dans le monde de Batman, mêlant aux combats des énigmes intrigantes… et des briques LEGO. Et surtout, si votre personnage tombait en morceaux, il se reconstruisait aussitôt sous vos yeux!

▲ Le jeu vidéo

Après une scène d'introduction sur un toit, le jeu commence tambours battants, quand les ennemis de Batman organisent une évasion générale de l'Asile d'Arkham.
Le jeu débute en mode Histoire, mais une fois un niveau achevé, il déverrouille le mode Jeu Libre, qui donne accès à des personnages bonus et des zones secrètes.

▶ Concepts

Les illustrateurs de TT Games commencèrent par créer une série d'esquisses pour définir l'apparence de Gotham dans le jeu. Ils choisirent de représenter un paysage urbain réaliste, plutôt qu'une ville construite entièrement en briques LEGO. Ainsi, quand les joueurs croisaient des briques pendant un niveau, ils pouvaient deviner qu'il fallait construire quelque chose avec. Des peintures en couleur étoffèrent ensuite ces esquisses et définirent l'ambiance des lieux que Batman et ses alliés traverseraient au cours de l'histoire.

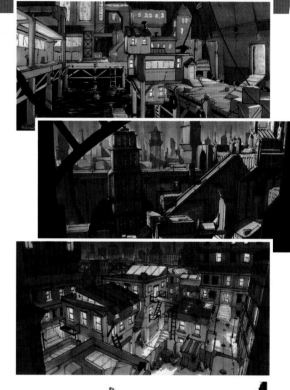

◄ Véhicules

Certains niveaux de ce jeu ne peuvent pas être explorés à pied. Les joueurs y trouvent l'occasion de prendre le contrôle des véhicules les plus connus de Batman. C'est une armada hérissée d'armes qui ressemble en tout point aux véhicules LEGO dont ils sont inspirés – à part bien sûr que ces modèles peuvent vraiment voler, rouler ou flotter dans les rues, cieux et voies d'eau numériques de Gotham. Les criminels aussi ont des véhicules, et on s'amuse encore plus une fois en mode Jeu Libre!

► LEGO CITY à Gotham

Comment remplir une ville animée de voitures, de camions et de machines volantes qui ne soient pas pilotés par Batman et compagnie? Heureusement, les concepteurs du jeu avaient une grande réserve où puiser: LEGO CITY! Grâce à des invités spéciaux de ce thème classique LEGO, la police de Gotham est équipée du Centre de commandement de 2008 et d'autres véhicules pour arrêter le crime.

▼ Environnement interactif

L'environnement de Gotham est tout sauf statique. Les joueurs peuvent lancer des grappins pour gravir des immeubles, marcher sur des cordes raides pour rejoindre deux points éloignés, et assembler des objets en briques LEGO pour résoudre des énigmes… ou les briser! N'oubliez pas d'explorer tous les recoins, on ne sait jamais où on pourrait trouver d'autres briques LEGO à collectionner et échanger contre des bonus spéciaux.

▲ Séquences vidéo

Outre l'introduction qui montre l'évasion de tous les criminels de Gotham, la progression de l'histoire est révélée par des séquences cinématiques intercalées entre chaque niveau. Observez l'action de près, car on y trouve une foule de plaisanteries et de gags visuels.

LES HÉROS

AUCUN HÉROS ne devrait combattre seul. Voilà pourquoi Batman possède une équipe d'alliés très entraînés pour l'aider à abattre les brigands de Gotham. Dans LEGO *Batman : le jeu vidéo*, Batman, Robin, Batgirl et Nightwing portent des costumes spéciaux qui les dotent de capacités spéciales pour déjouer les pièges, résoudre les énigmes et vaincre tous les criminels évadés !

▼ Batman

De base, Batman porte son costume gris et noir du thème LEGO Batman de 2006. Il utilise son Batarang pour arrêter les balles et les attaques à longue distance, et son grappin pour escalader les immeubles de Gotham. Il peut utiliser un appareil pour changer d'apparence et trouver des briques spéciales pour améliorer les pouvoirs de ses tenues.

Costume noir et gris des boîtes LEGO de 2006

Les figurines numériques sont plus flexibles que celles en plastique !

TENUE DE DÉMOLITION
Endosser ce costume permet à Batman de poser et faire exploser des explosifs.

PLANEUR
Cette tenue ailée permet à Batman de planer au-dessus du vide.

COSTUME SONIQUE
Le pistolet sonique de cette tenue lance un rayon qui fait vibrer les briques de verre jusqu'à ce qu'elles éclatent.

▼ Batgirl

L'inexistence de sa figurine réelle ne suffit pas à empêcher Barbara Gordon de participer au jeu LEGO Batman ! Batgirl peut endosser tous les costumes de Batman.

Ce masque n'existe que dans le jeu

BRUCE WAYNE
Même l'identité civile de Batman peut combattre le crime : à grands coups d'attaché-case qu'il ne lâche jamais !

Dans le jeu finalisé, la cape est jaune

▶ Robin

Dans le jeu LEGO *Batman*, Robin utilise un Batarang jaune et vert. Comme Batman, son partenaire peut changer de tenues pour obtenir de nouvelles capacités, ou les utiliser en mode Jeu Libre.

Cheveux façon 2006

Costume original de Tim Drake

TENUE TECHNOLOGIQUE
Cet uniforme high-tech permet à Robin de pirater des panneaux informatiques et de contrôler des machines.

TENUE D'ATTRACTION
Avec ce costume, Robin peut aspirer des briques rouges, jaunes et vertes et fabriquer de nouveaux éléments.

TENUE MAGNÉTIQUE
Avec les aimants à ses pieds, Robin peut marcher sur des murs ou plafonds en métal.

TENUE AQUATIQUE
Grâce à ses bouteilles et ses palmes, ce costume permet à Robin d'explorer les profondeurs.

▼ Héros du quotidien

Pas besoin de superpouvoirs pour faire la différence. Outre les personnages à déverrouiller comme la Chasseresse ou Dick Grayson (l'identité secrète de Nightwing), voici quelques autres gentils du jeu.

ALFRED
Avec son plateau, le majordome de Bruce Wayne peut être utilisé en mode Jeu Libre.

COMMISSAIRE GORDON
Le chef du GCPD arrête les criminels, et c'est un boss quand on joue un méchant.

VIGILE
Les vigiles, militaires et autres gentils anonymes sont toujours prêts à défendre Gotham contre les attaques.

▼ Nightwing

Personnage bonus à acheter une fois qu'on a ramassé 125 000 plots LEGO dans le jeu, Nightwing utilise sa formation d'acrobate pour se battre et marcher rapidement sur les cordes raides. Puisque c'est le premier Robin, il a aussi accès aux tenues spéciales et améliorations de celui-ci.

Mêmes cheveux ébouriffés que sa figurine

Manie des bâtons de combat et un Batarang personnalisé

LES MÉCHANTS

LES CRIMINELS ÉVADÉS de l'asile d'Arkham se sont répartis en trois groupes, menés par le Joker, le Sphinx et le Pingouin, chacun animé d'intentions mauvaises particulières. Après avoir terminé un des trois chapitres de l'histoire en tant que héros, vous pourrez le rejouer du point de vue des méchants, et essayer de vous emparer de Gotham.

Apparence de la figurine de 2006

▼ Le Sphinx

Cet amoureux des énigmes ne s'intéresse ni au chaos ni à la vengeance – il veut simplement s'enrichir. Voilà pourquoi il se prépare à cambrioler la réserve d'or de la ville, tout en laissant des indices à Batman. Dans la version DS du jeu, il porte une autre tenue, avec un chapeau.

Sa canne contrôle les esprits faibles

▶ Le Joker

Le Joker dirige Harley Quinn, l'Épouvantail, Killer Moth et le Chapelier Fou dans sa tentative de noyer Gotham sous son gaz hilarant. Au combat, il porte des mitraillettes et utilise un gant électrifié pour des attaques surprises.

JOKER TROPICAL
Le Joker peut déverrouiller un costume tropical, avec chemise hawaïenne.

CLOWN DE RUE
Un homme de main du Joker déguisé en mime.

▼ Le Pingouin

Le Pingouin, l'un des trois cerveaux derrière l'évasion, compte dans sa bande Bane, Killer Croc, Man-Bat et Catwoman. Ils prévoient de prendre le pouvoir sur Gotham. Il peut utiliser son faux parapluie à la fois comme arme et comme parachute.

Son chapeau libère des pingouins bombardiers

Tenue de soirée du crime

▼ Catwoman

Membre de l'équipe du Pingouin, Catwoman peut utiliser son double saut acrobatique pour prendre le dessus sur ses adversaires. Son costume violet tiré des comics est disponible comme tenue alternative, et son alter ego Selina Kyle figure dans la version DS.

Elle griffe ses ennemis

▼ Mr. Freeze

RAYON GLACÉ

Le pistolet de Mr. Freeze piège ses ennemis dans des blocs de glace, ce qui les expose à des attaques violentes. Sans cela, la glace finit par se fendiller et libère ses victimes.

Membre de l'équipe du Sphinx, Mr. Freeze se rend dans son ancien repaire dans une usine de glace pour récupérer son canon à glace. Quand il s'attarde pour dégeler ses sbires, les Freeze Girls, il donne au Duo Dynamique l'occasion de le remettre au frais.

Son arme gèle certains liquides

Son costume thermique augmente sa force

▶ Bane

Outre l'immunité aux toxines que lui confère le Venin, le plus grand avantage de Bane reste son immense puissance physique, qui lui permet même de vaincre Croc ! Plus intelligent qu'il paraît, Bane devrait savoir qu'il faut se méfier du Pingouin, toujours prêt à trahir un allié !

Assomme ses adversaires avec ses genoux

▼ Poison Ivy

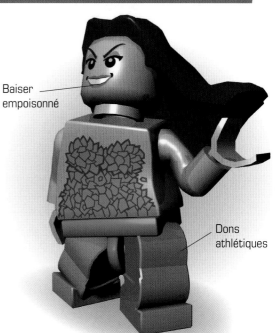

Poison Ivy uses utilise ses plantes mutantes et ses séides végétaux pour aider l'équipe du Sphinx. Son immunité naturelle aux gaz et déchets toxiques en fait l'agent parfait pour infiltrer les environnements dangereux. La version DS du jeu inclut aussi son identité secrète Pamela Isley et un costume alternatif

Baiser empoisonné

Dons athlétiques

BAISER MORTEL

Non seulement Poison Ivy saute plus haut que la plupart des personnages, mais elle peut aussi traverser des portes que seuls les personnages féminins peuvent atteindre. Son baiser empoisonné est mortel, de près comme de loin.

▶ Harley Quinn

Harley ne pourrait être que dans l'équipe du Joker. En tant que bras droit du clown criminel, l'ancienne psychiatre l'aide à capturer le commissaire Gordon et à organiser l'attaque au gaz contre Gotham City. Dans le jeu DS, on la trouve aussi sous son apparence de Dr Harleen Quinzel.

Version d'étude de son modèle en jeu

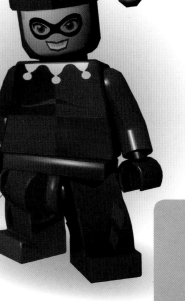

CRIME À GOGO

LES CERVEAUX DE L'ÉVASION d'Arkham savent exactement de quoi Batman et son équipe sont capables. C'est pourquoi ils ont recruté tous les super-vilains de Gotham, ainsi que des centaines d'hommes de main et de gardes du corps pour les aider à reconstruire la ville à leur image corrompue!

Double-Face

Double-Face utilise son camion blindé pour tirer le Sphinx des mains de Batman et Robin, et l'aide à voler un laser chez Wayne Enterprises. Tirant constamment à pile ou face, il attaque avec deux revolvers jumeaux... évidemment!

...et les autres

CHAPELIER FOU
Obsédé par le Pays des Merveilles, Jervis Tetch peut sauter dans les airs grâce à l'hélice de son chapeau géant.

Et ce n'est pas tout! Les rangs des adversaires de Batman sont renforcés par des personnages supplémentaires tirés des comics comme Firefly (uniquement sur DS), Black Mask, Hugo Strange, M. Zsasz, Talia al Ghul, le Ventriloque et Scarface... sans parler de ces visages connus et terrifiants!

KILLER MOTH
Il se considère comme l'anti-Batman, mais la plupart des gens considèrent ce brigand chamarré comme une farce.

KILLER CROC
Les pouvoirs amphibies de Croc sont très utiles lors de son effraction dans la prison par les égouts.

GUEULE D'ARGILE
Gueule d'Argile est un métamorphe capable de transformer ses membres en armes puissantes et variées.

SILENCE
Ce criminel emmailloté est l'un des ennemis de Batman les plus mystérieux et les plus dangereux.

RĀ'S AL GHŪL
Cet ennemi pluricentenaire est un personnage bonus, qu'on déverrouille quand on a ramassé tous les mini-kits du jeu.

MAN-BAT
Le Dr Kirk Langstrom, victime d'une mutation, empêche Batman d'atteindre le Pingouin au zoo de Gotham.

ÉPOUVANTAIL
L'Épouvantail vole au secours du Joker en attaquant le Batwing lors d'un audacieux duel aérien.

LES VÉHICULES

TANDIS QUE BATMAN et son équipe se fraient un chemin dans les criminels armés qui tiennent Gotham, ils utilisent la plupart des véhicules de Batman – comme le Batwing, le Bat-Tank et le Bat-Bateau – pour mener à bien leurs missions. Malheureusement pour les héros, les méchants aussi ont apporté quelques véhicules hauts en couleurs!

▼ Bat-véhicules

Principal mode de transport de Batman, la Batmobile rapide et solide est équipée d'un câble de remorquage pour traîner d'autres véhicules. Piloté par Robin, le Batcoptère emporte des bombes qui peuvent détruire les briques LEGO argentées. Et si le jet privé de Bruce Wayne n'est pas armé, sa vitesse est un avantage certain.

▼ Véhicules des méchants

Beaucoup de méchants du jeu ont leurs propres véhicules personnels, de l'insaisissable jet du Sphinx au camion à glaces du Joker, en passant par l'iceberg de Mr. Freeze et le deltaplane ou le bateau du Chapelier fou, qui n'est pas très rapide mais a une grande force d'abordage.

JET PRIVÉ DE BRUCE WAYNE

BATMOBILE

BATCOPTÈRE

JET DU SPHINX

DELTAPLANE DU CHAPELIER

VAN DU JOKER

ICEBERG DE MR. FREEZE

BATEAU À VAPEUR DU CHAPELIER FOU

▼ Véhicules de police

Comme les superhéros et les super-vilains, la police de Gotham est motorisée : bateaux, motos, voitures, fourgons et un gros hélicoptère capable d'emporter des charges lourdes (comme un camion plein d'hommes de main du Sphinx) directement en prison.

HÉLICOPTÈRE DU PORT

LES LIEUX

LA VIE N'EST PAS facile à Gotham, mais avec tous les criminels qui y sévissent, la Gotham de LEGO *Batman : le jeu vidéo* n'a jamais été plus dangereuse. Il faudra toute l'adresse de Batman pour survivre dans ces rues – surtout si les cerveaux criminels qui y sévissent arrivent à leurs fins !

▼ Jardin botanique

Dans le Jardin botanique de la ville, vous pourrez faire pousser des carottes géantes, construire un tracteur en briques et trouver le Costume sonique de Batman qui sera nécessaire pour détruire une porte de verre qui vous barre le chemin. La Tenue d'Attraction de Robin vous aidera à fabriquer une plante géante qui servira de tremplin.

▲ Asile d'Arkham

Les criminels de Gotham s'évadent tous de l'Asile d'Arkham au début du jeu, mais c'est pourtant là qu'ils se sentent vraiment chez eux, car cet hôpital carcéral sert aussi de plaque tournante du jeu quand on joue comme méchant. Vous y trouverez de quoi personnaliser votre personnage, et aussi une salle de trophées.

LES RUES DE GOTHAM

Dans un niveau très rapide du jeu, le Joker s'allie avec Killer Moth dans une course pour atteindre le sanctuaire de la cathédrale. Évitez de vous faire capturer par la police de Gotham !

▼ L'usine de glaces

Cette installation abandonnée qui fabriquait de délicieuses friandises glacées était l'ancien repaire de Mr. Freeze. Il y revient pour récupérer une ancienne invention. Il faudra changer les couleurs des cônes de glace, réquisitionner un canon à froid et utiliser la Tenue Magnétique de Robin pour en venir à bout.

Mr. Freeze et le Sphinx s'allient pour investir l'usine à la recherche du canon à glace.

QG de la Police

Édifice imposant qui n'apparaît que dans les cinématiques, c'est le siège de la police de Gotham, où travaille le fidèle ami de Batman, le commissaire Gordon. Son toit abrite le Bat-signal, que le commissaire allume pour appeler le justicier lorsqu'il a besoin de lui – comme en ce moment!

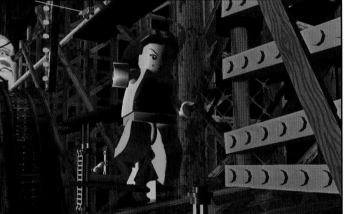

La police de Gotham, en plein travail… ou enfin rassurée, maintenant que Batman est là pour arranger la situation?

La fête foraine

Le Joker et Harley Quinn ont attiré le pauvre commissaire Gordon dans cette terrible fête foraine, et c'est au Dynamique Duo d'essayer de le sauver. Au passage, il faudra gravir des échelles, glisser sur des toboggans et affronter Harley l'acrobate.

VUE AÉRIENNE
Voici vus du ciel les niveaux « Chagrin au Grand Chapiteau » et « La bataille en Batbateau ». Ces cartes auraient bien aidé Batman!

Séparés par des obstacles, les méchants doivent tour à tour résoudre des énigmes pour s'aider à traverser le niveau.

En mode Jeu Libre, vous pouvez explorer la fête foraine sous les traits de n'importe quel personnage que vous aurez déverrouillé.

Cathédrale de Gotham

Challenge final: empêcher le Joker de libérer son gaz hilarant sur Gotham. Construisez un canon à eau en briques, gravissez une énorme cathédrale et abattez l'hélicoptère du Joker pour arrêter le Clown du Crime une bonne fois pour toutes… jusqu'au prochain épisode!

Admirez au passage les détails architecturaux de Gotham, réputés dans le monde entier!

LEGO® BATMAN™ 2

LES AMIS, C'EST MERVEILLEUX. Le monde est encore plus grand, les ennemis encore plus forts, et les enjeux encore plus élevés dans LEGO *Batman 2 : DC Super Heroes*. Batman est bien heureux de pouvoir faire appel à ses puissants amis de la Ligue de Justice !

Wii

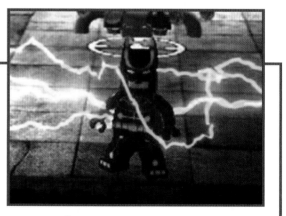

▼ Batman

Batarang numérique

Batman fait un retour très attendu dans LEGO *Batman 2 : DC Super Heroes*, avec d'autres héros. Il endosse de nouveaux costumes améliorés dans sa quête pour sauver Gotham et l'ensemble du LEGO DC des manigances de Lex Luthor et du Joker.

Costume noir des boîtes LEGO 2012

▲ Jeu 2012

Devant le succès mondial (plus de 11 millions d'exemplaires vendus) du jeu LEGO Batman, le groupe LEGO et TT Games ont préparé une suite autour du thème LEGO DC Universe Super Heroes. LEGO *Batman 2* présente de nouvelles tenues, de nouveaux gadgets, de nouveaux véhicules, de nouveaux pouvoirs… et donne pour la première fois une voix à ses figurines !

TENUE DE DÉTECTION
La nouvelle tenue de Batman lui permet de voir au travers des murs et de devenir invisible.

TENUE PUISSANTE
Cette armure renforcée permet à Batman de tirer des poignées et de lancer des bombes adhésives pour détruire les briques argentées.

TENUE ÉLECTRIQUE
Cette tenue isole Batman des pièges électriques et lui permet de contrôler leur énergie.

▶ Superman

Avec sa force incroyable, sa quasi-invulnérabilité, son souffle de glace et sa capacité de voler, on s'attendrait à ce que Superman puisse régler n'importe quel problème. Mais grâce aux armes à Kryptonite de Luthor, même l'Homme d'Acier ne peut pas résoudre cette crise seul – même s'il faut du temps pour que Batman et lui collaborent de gaîté de cœur.

Rien ne peut le décoiffer !

Mêmes détails que sur la figurine

SUPER-VISION
Le Dernier Fils de Krypton apporte beaucoup de pouvoirs dans LEGO *Batman 2 : DC Super Heroes*. L'un des plus utiles est sans doute sa vision thermique, qui peut détruire des briques dorées pour révéler des objets cachés ou des énigmes.

▼ Wonder Woman

LEGO *Batman 2* voit les premiers pas numériques de la figurine de Wonder Woman. Dans le jeu, elle peut aider Batman avec sa force et ses autres pouvoirs, et attraper les criminels avec son célèbre lasso.

Le modèle en jeu est plus expressif que sa figurine

Montez au combat avec le Lasso de Vérité

▼ Lex Luthor

Luthor déclenche les hostilités de LEGO *Batman 2* en faisant s'évader le Joker pour qu'il l'aide à obtenir de la Kryptonite, en échange de quoi il lui prêtera le pouvoir de son Deconstructor, qui désolidarise toutes les briques noires.

Le Deconstructor

La Kryptonite alimente presque tous les appareils de Lex Luthor

▼ Green Lantern

Green Lantern peut utiliser son anneau pour transformer les briques LEGO vertes en objets pour résoudre les énigmes. Il peut aussi voler et tirer sur ses ennemis, ce qui en fait un allié de choix pour la bataille finale à Gotham.

Emblème du Green Lantern Corps

▼ Flash

Flash est le bolide le plus connu de l'univers DC. C'est aussi l'homme le plus rapide au monde. LEGO *Batman 2* présente l'actuel Flash, Barry Allen, de la police scientifique. Il court aussi vite que les voitures les plus rapides de Gotham, et il construit plus vite que les autres personnages.

Détails du costume en forme d'éclairs

CATHÉDRALE
Mais pourquoi sonne le glas ? Cette fois, les Batarangs ne serviront à rien. Espérons pour Batman qu'il trouvera quelqu'un doté d'une vision à infrarouge qui n'ait pas le vertige…

NOUVEAUX RECOINS

GRÂCE AU Deconstructor, Lex Luthor et le Joker n'ont pas seulement le pouvoir de démanteler les jouets préférés de Batman : ils comptent redessiner la carte de Gotham. LEGO *Batman 2 : DC Super Heroes* vous emmènera dans des lieux familiers et vous en ouvrira d'autre, comme la Tour Wayne, l'Hôtel de Ville, l'Observatoire, le Théâtre et le Club nautique – entre quelques autres destinations exotiques et riches en briques !

▼ Usine Ace

Batman retourne là où tout a commencé, cette célèbre usine chimique où un plongeon dans une cuve de produits toxiques donna au Joker ses cheveux verts et son teint enjoué. Attention où vous mettez les pieds !

JARDIN BOTANIQUE
Cette serre est devenue le repaire de la splendide et redoutable Poison Ivy. vous l'y trouverez perchée sur une fleur carnivore, mais n'oubliez pas de libérer les civils piégés pendant que vous déjouerez ses pièges botaniques.

▼ Fête foraine de Gotham

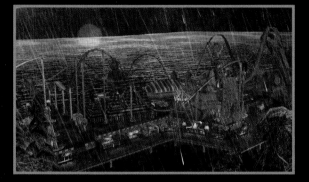

Dans ce parc d'attractions, vous pourrez faire un tour en montagnes russes et jouer à des mini-jeux si vous avez les bonnes tenues. Ramassez deux briques rouges pour déverrouiller des véhicules spéciaux.

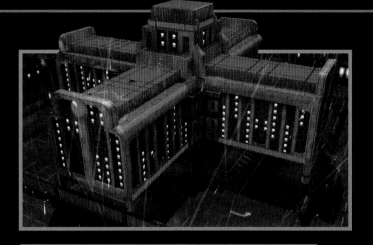

▼ Parc

Au centre de Gotham, ce grand parc regorge d'objets rares. Vous pourrez jouer à la Bataille navale sur le bassin, résoudre le labyrinthe et trouver deux hélicoptères garés au sommet des gratte-ciel alentour.

BRIQUIPÉDIA
Au milieu des environnements de Gotham se cachent des Briques Dorées. Il y en a plus de 250 en tout!

▲ Gotham Général

L'hôpital général est l'un des édifices classiques de Gotham, où les docteurs et les infirmières traitent les victimes de gaz hilarant, de maillet géant et de pingouins mécaniques. Vous y trouverez Silence qui attend dans les hauteurs – rien d'étonnant, puisque c'est un ancien docteur.

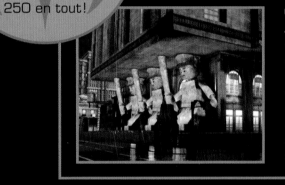

COMMISSARIAT
Avec ses trois statues géantes montant une garde permanente, on n'imaginerait pas que le commissariat soit exposé aux vols, mais cela n'empêche pas la sournoise Catwoman de se faufiler sur le toit!

▼ Manoir Wayne

Sur l'île au nord de la ville, la demeure traditionnelle des Wayne abrite non pas un secret, mais deux. Survolez le manoir, et vous verrez qu'il est construit en forme de chauve-souris. Et bien entendu, son sous-sol abrite...

◄ La Batcave

...le quartier général de Batman, centre d'opération des héros du jeu. Vous pourrez y personnaliser votre héros ou choisir *via* le Batordinateur un niveau de l'histoire ou de Jeu Libre, et l'essentielle carte de Gotham. Vous pourrez même embarquer dans les véhicules déverrouillés pour aller faire la course.

FABRIQUER LE MONDE NUMÉRIQUE

JONATHAN SMITH EST directeur de production chez TT Games Publishing. C'est à lui de faire en sorte que TT fabrique les bons jeux au bon moment, et les nouveaux jeux LEGO® Batman™ l'ont beaucoup accaparé ces dernières années ! Nous l'avons interviewé pour découvrir comment ces jeux sont fabriqués.

Comment avez-vous réagi en apprenant que vous alliez faire un nouveau jeu LEGO Batman ?

Vu le plaisir que nous avons pris à faire le premier jeu en 2008, il a toujours été évident que nous retournerions un jour à l'univers DC. Quand nous avons reçu confirmation que LEGO présentait une nouvelle gamme de figurines DC Super Heroes en 2012, le moment nous a paru bien choisi. Tout le monde a tout de suite eu plein d'idées.

Qui a participé à la production de LEGO *Batman 2* ?

Nous étions plus de 150, et j'aimerais vraiment avoir la place de les citer tous ! Le scénario de LEGO *Batman 2* a été imaginé par notre directeur créatif Jon Burton, et le script est signé David A. Goodman. John Hodskinson était réalisateur du jeu, et David Hoye illustrateur en chef ; il travaillait étroitement avec notre directeur artistique Leon Warren et notre illustrateur conceptuel Tim Webster pour créer l'expression visuelle de Gotham et de tous nos niveaux de jeu. Les cinématiques et les personnages ont été confiés à Jez Pardon, notre directeur de l'animation.

Les rues de Gotham dans LEGO *Batman 2*

Comment avez-vous préparé la production du jeu ?

N'importe quel développement de jeu commence par des recherches. Nos premières références furent les comics et dessins animés de toutes les époques. Les gens de DC et Warner Bros nous donnent des conseils très précieux. Et nous avons accès à tous les modèles LEGO pendant le développement, y compris certains prototypes qui ne seront jamais finalisés.

Que faut-il pour fabriquer un jeu LEGO Batman ?

Puisque cela fait des années que nous produisons des jeux LEGO, nous suivons tout un tas de principes de base, comme : « Tout ce qui est fait en briques LEGO doit être interactif et amusant. » Nous avons une continuité dans les équipes et la technologie, et disposons d'une bibliothèque d'éléments LEGO mise à jour régulièrement. Nous étudions les modèles et personnages LEGO en détail. Nous obtenons les droits nécessaires pour utiliser une musique authentique. C'est sur ces bases que nous fondons toutes les folies qui nous viennent à l'esprit ! Le groupe LEGO comme DC Comics ont été d'un soutien fantastique pendant le

Statues LEGO géantes dans Gotham

éveloppement de LEGO *Batman 2*. Nous avons une très bonne relation avec le groupe LEGO, fruit de longues années de collaboration, et DC ne tarissait pas d'idées et de suggestions pour rendre le jeu plus amusant.
Nous apprenons en permanence. Par exemple, Damian Wayne est un personnage important, et tout à fait nouveau. Il n'existait pas quand nous avons créé le premier jeu, mais on peut maintenant l'acheter dans certaines versions de LEGO *Batman 2*. Pour finir, nous avons un groupe de testeurs de talent. Nous ne pourrions pas finir nos jeux sans eux : ils traquent les problèmes dans leurs moindres détails.

En quoi ce jeu diffère-t-il du premier ?

Nous sommes fiers de ce que nous avons accompli avec le premier jeu, mais il remonte à plusieurs années. Ce nouveau jeu est plein de technologie et d'aspects nouveaux. Nos nouveaux moteurs d'éclairage et physique rendent le jeu plus réaliste et plus riche ; on rencontre de nouveaux personnages, aux pouvoirs inédits. Et il y a deux immenses zones entièrement nouvelles. La Gotham LEGO est notre plus vaste environnement jouable à ce jour, pleine de secrets et d'action. Survoler la ville en tant que Superman, puis atterrir et le remplacer par Batman, appeler la Batmobile et défiler dans les rues est une expérience irremplaçable ! En outre, nous racontons une histoire tout à fait inédite, de façon tout à fait nouvelle. LEGO *Batman 2* sera le premier jeu LEGO à présenter des figurines « parlantes » !

Quel est l'objectif du nouveau jeu ?

Le plus grand super-vilain de Gotham, le Joker, s'est allié avec la némésis de Superman, Lex Luthor, pour ravager Gotham et le monde entier ! C'est à vous de les arrêter. Vous commencez par contrôler Batman et Robin, mais il deviendra vite évident que la tâche les dépasse. Vous serez rejoints par Superman, puis par toute la Ligue de Justice ! Le jeu regorge d'action, et présente les héros les plus cools de l'univers DC, avec l'humour LEGO typique !

Comment avez-vous conçu les personnages qui n'existent pas encore en figurine LEGO ?

Avec leurs longues années d'expérience, nos illustrateurs en personnages LEGO sont très doués pour créer des personnages pour nos jeux. Ils analysent minutieusement les images de référence pour les personnages nécessaires, puis ils extraient des éléments essentiels, les raffinent et les expriment dans le langage visuel LEGO unique.
Les personnages de l'univers DC sont très différents les uns des autres, avec des attitudes et des personnalités instantanément mémorables…
Une grande partie du travail créatif était déjà fait, depuis des dizaines d'années, dans les pages illustrées comme à l'écran.

Robin est un acrobate de grand talent

Lex Luthor et le Joker forment un duo terrifiant

Quels ont été les meilleurs moments de la création de ce jeu ?

La combinaison de conception, programmation et animation qui donne dans l'expérience de Superman survolant notre Gotham en LEGO est l'une des plus grandes réussites de LEGO *Batman 2*. Pour ma part, j'ai adoré écrire les répliques de Vicki Vale, la journaliste qui apparaît avant chaque niveau. Et l'actrice qui la double, Anna Vocino, les exprime avec un vrai panache comique.

Quels sont vos personnages préférés dans le jeu ?

Mon héros préféré est Robin. On l'oublie souvent, mais il a une foule de capacités très utiles, aussi amusantes qu'uniques – ses acrobaties, sa Tenue

de Glace et le puissant Canon Aléatoire. Mon méchant préféré ? Lex Luthor. Il a toujours un plan derrière la tête !
Tous les membres de la Ligue de Justice sont de bons personnages joueurs – pas seulement à cause de leur personnalité, mais parce qu'ils ont un large éventail de pouvoirs. Cyborg, par exemple. En plus de sa force, il a la capacité de tirer un laser depuis son œil, et de déplacer des objets de métal à distance grâce à ses pouvoirs électromagnétiques. L'histoire force Batman et Superman à s'allier. C'est une collaboration tout d'abord pénible, mais ils doivent lisser leurs différences pour dissiper la menace de Lex Luthor et du Joker. Ça aussi, c'est une bonne équipe…

Quel est votre équipement ou véhicule préféré ?

La Batmobile est vraiment amusante à piloter, avec des armes très puissantes. Batman a plein de gadgets pour résoudre les défis du jeu. La Tenue Puissante est l'une des meilleures – non seulement elle le rend plus fort, mais elle tire des missiles ! Et Batman a l'air très cool avec !

Pouvez-vous nous parler de vos batailles et niveaux préférés ?

Il y a une succession d'affrontements spectaculaires. La bataille contre le robot géant du Joker pendant qu'il tombe de la Tour Wayne est un moment d'anthologie, mais mon niveau préféré se déroule à Metropolis, chez Superman et Lex Luthor. Quand nous héros se rendent chez Lexcorp, les locaux de recherche de Luthor, non seulement l'apparence est très chouette, pleine d'objets technologiques, mais Lex est tellement frimeur qu'il a construit tout l'édifice pour qu'il tourne en permanence ! Il y a même tout un niveau secret, si vous arrivez à le trouver…

La Ligue de Justice s'allie à Batman et dans le dernier jeu en date

FIGURINES

LES FIGURINES LEGO® de base arrivent entre les mains des constructeurs en trois parties : tête ; torse et bras ; taille et jambes. Des détails supplémentaires sont ajoutés par les cheveux, les imprimés et les accessoires spéciaux – et peu de figurines sont aussi colorées, détaillées et équipées que les héros et criminels des thèmes LEGO® Batman™ et LEGO DC Universe Super Heroes !

BATMAN (2006)
Boîtes : 7781, 7783, 7785

BATMAN (2006)
Boîtes : 7779, 7780, 7782

Toutes les figurines de Batman comprennent un masque amovible avec un visage imprimé en dessous. Les yeux blancs de Batman sont créés par un bandeau au-dessus des yeux noirs normaux de la figurine.

BATMAN (2007)
Boîtes : 7786, 7787

BATMAN (2008)
Boîtes : 7884, 7886, 7888

BATMAN (2012)
Boîtes : 6857, 6858, 6860

BRUCE WAYNE (2006)
Boîte : 7783

BRUCE WAYNE (2012)
Boîte : 6860

NIGHTWING (2006)
Boîte : 7785

ROBIN (2006)
Boîte : 7783

ROBIN (2008)
Boîte : 7885

ROBIN (2012)
Boîtes : 6857, 6860

BATMAN (2012)
Boîtes : 6863, 6864, 30160

ALFRED (2006)
Boîte : 7783

SUPERMAN (2012)
Boîte : 6862

WONDER WOMAN (2012)
Boîte : 6862

LEX LUTHOR (2012)
Boîte : 6862

LE JOKER (2006)
Boîtes : 7782, 7888

LE JOKER (2012)
Boîtes : 6857, 6863

CATWOMAN (2006)
Boîte : 7779

CATWOMAN (2012)
Boîte : 6858

POISON IVY (2006)
Boîte : 7785

POISON IVY (2012)
Boîte : 6860

ÉPOUVANTAIL (2006)
Boîtes : 7785, 7786

HARLEY QUINN (2008)
Boîte : 7886

HARLEY QUINN (2012)
Boîte : 6857

DOUBLE-FACE (2006)
Boîte : 7781

DOUBLE-FACE (2012)
Boîte : 6864

BANE (2007)
Boîte : 7787

BANE (2012)
Boîte : 6860

LE PINGOUIN (2006)
Boîtes : 7783, 7885

PINGOUIN ARMÉ (2006)
Boîtes : 7783, 7885

CROC (2006)
Boîte : 7780

MR. FREEZE (2006)
Boîtes : 7783, 7884

LE SPHINX (2006)
Boîtes : 7785, 7787

LE SPHINX (2012)
Boîte : 6857

SÉIDE DU JOKER (2006)
Boîtes : 7782, 7888

SÉIDE DU JOKER (2012)
Boîte : 6863

SÉIDE DE DOUBLE-FACE (2006)
Boîte : 7781

SÉIDE DE DOUBLE-FACE (2012)
Boîte : 6864

SÉIDE DE DOUBLE-FACE (2012)
Boîte : 6864

SÉIDE DE MR. FREEZE (2006)
Boîte : 7783

GARDE D'ARKHAM (2006)
Boîte : 7785

GARDE D'ARKHAM (2006)
Boîte : 7785

VIGILE (2012)
Boîte : 6864

INDEX

Les entrées principales sont soulignées en gras. Les boîtes sont listées à leur nom complet.

Éditions
SCHOLASTIC

Éditrice du projet Victoria Taylor

Assistante éditoriale Emma Grange

Maquettiste en chef Lisa Sodeau

Maquettiste Jon Hall

Maquettistes additionnelles Lisa Robb
et Anne Sharples

Responsable de l'édition artistique Ron Stobbart

Responsable de publication Catherine Saunders

Directrice artistique Lisa Lanzarini

Responsable de publication Simon Beecroft

Directeur de publication Alex Allan

Éditrice de production en chef Jennifer Murray

Contrôleuse de publication en chef Melanie Mikellides

Photographie par Andy Crawford, Daniel Lipkowitz,
Tina Nielsen et Gary Ombler

ISBN : 978-1-4431-2960-2

Édition publiée par les Éditions Scholastic,
604 rue King Ouest, Toronto (Ontario) M5V 1E1

5 4 3 2 1   Imprimé en Chine CP152   13 14 15 16 17

Remerciements
L'éditeur aimerait remercier Benjamin Harper de
Warner Bros. Consumer Products ; Corinna Van
Delden, Randi Sørensen, Michael Sørensen et Joakim
Kørner Nielsen du groupe LEGO ; Sam Delaney, Matt
Ellison, Phillip Ring et Jonathan Smith chez TT Games
pour leurs précieuses images et informations sur les
jeux vidéo ; Daniel Lipkowitz pour ses recherches et sa
rédaction ; Andy Crawford, Gary Ombler et Tina Nielsen
pour leurs photos ; Shari Last
et Jo Casey pour leur soutien
éditorial, et Satvir Sihota pour
son soutien à la conception et
à la mise en pages.

Costume noir et
gris de 2006

Les chaînes LEGO
entravent Batman

Rictus dément
du Joker

Pour en savoir plus,
rendez-vous sur
www.LEGO.com
www.warnerbros.com